Método Zelenski

Como liderar desde la emoción

Método Zelenski. Como liderar desde la emoción
Julian Reyes

Editado por:
PUNTO ROJO LIBROS, S.L.
Cabeza del Rey Don Pedro, 9
Sevilla 41004
España
911.413.306
info@puntorojolibros.com

Impreso en España
ISBN: 978-84-19373-01-4

Maquetación, diseño y producción: Punto Rojo Libros

Índice

Método Zelenski

Como liderar desde la emoción

Traducción de los discursos por:
Priscilla Chase

Prólogo

Prólogo de Kerry Kennedy
Presidenta Robert F.Kennedy Human Rights

"La lucha está aquí; necesito municiones, no necesito un viaje."

Cuando el Presidente de Ucrania, Volodímir Zelenski, respondió a una oferta para escaparse de la invasión de Rusia, inspiró a su nación y atizó al mundo.

Desde su búnker de guerra o su despacho oficial revestido de sacos de arena, Zelenski se ha servido de discursos, 'selfies' y redes sociales para recabar el apoyo internacional y asegurar a sus aliados y enemigos que los ucranianos no serían arrollados.

Mientras observamos el horror de la guerra -hospitales bombardeados, una guardería reventada, una anciana contando en directo en la televisión internacional su violación a manos de las fuerzas rusas- Zelenski, milagrosamente, desafía a una de las grandes potencias del mundo, presentándose ante el Parlamento del Reino Unido, el Congreso de Estados Unidos, la Dieta japonesa.

Y en cada ocasión, inspira con su atrevimiento, su sabiduría, su empatía, su coraje. en cada ocasión, inspira con su atrevimiento, su sabiduría, su empatía, su coraje.

¿Qué considera una victoria? "Es una victoria cuando las armas enmudecen y la gente se pronuncia."

Esta forma de comunicar directa y sin artificios y de conectar se traslada fácilmente de su Twitter a los titulares de prensa y a la televisión. Ha lanzado no sólo un grito de guerra, sino una actitud de consuelo y unidad para el pueblo ucraniano, exhortándolo, al igual que a millones de personas en todo el mundo, a no apartar la vista, sino a entrar en la refriega de la crisis.

Este método ha dado vida a su sencilla advertencia, a los pocos días del comienzo de la guerra: "Cuando nos ataquéis, veréis nuestras caras; no nuestras espaldas, sino nuestras caras."

En las páginas que siguen, los lectores conocerán el brillante método de Zelenski de primera mano, con sus propias palabras, en este momento de crisis.

Arquímedes dijo: "Dadme un lugar donde pararme y moveré el mundo". Zelenski se mantiene en pie junto con Ucrania, con la democracia, con la libertad... y, efectivamente, consigue mover el mundo.

Kerry Kennedy

Presidenta, Robert F. Kennedy Human Rights

LÍDER ZELENSKI

En el momento en el que estoy escribiendo estas líneas reconocemos el título de este primer capítulo: Líder Zelenski. Y lo damos por bueno.

Hace un mes y diez días, en el momento en que escribo estas líneas, Zelenski era un gran desconocido para el planeta. Hoy es ejemplo de un liderazgo inspirado, humanista y empático.

Ejemplo de un liderazgo que inspira desde la emoción, que comunica de forma cercana y directa, que piensa en la audiencia a la que se dirige para conectar desde lo más profundo y que siente como los beneficiarios finales de su comunicación: su pueblo. Tiene que mover a las personas para conseguir resultados y así lo ha entendido desde su primer día de comunicación pública en un contexto de guerra. Ese día 24 de Febrero se asomó por la ventana del mundo y desde entonces no ha parado de crecer en su liderazgo internacional. Es un líder que ha comunicado en tiempo récord. Es el líder-comunicador, el comunicador-líder más prolífico de la historia.

El Churchill del S.XXI

Desde mi punto de vista tenemos delante al Churchill del Siglo XXI. Algunas situaciones unen, por desgracia, a estas dos personas. Después desvelaremos algunas de esas claves desde la perspectiva del Liderazgo y de la comunicación efectiva.

Barack Obama y Zelenski

Desde Barack Obama ningún líder había liderado el poder de la palabra con esa cercanía, transparencia y empatía. En este libro descubrirás las claves de una comunicación de éxito que todos podemos aprender para conectar con personas.

Es posible transmitir ideas con emoción, con pasión, con firmeza y con altas dosis de persuasión.

Es posible transmitir seguridad y confianza gracias, no sólo a la creencia en lo que dices, sino también gracias a la coherencia y a la ejemplaridad en tus acciones.

Estamos ante un ejemplo de liderazgo inspirado, empático que se ha despertado en un entorno de crisis de primer nivel. Hoy Ucrania tiene el líder que necesitaba en una situación como esta. Su poder de comunicación, de impacto en las audiencias está llegando y tocando en todo el mundo. Zelenski ha optado por dar voz, por elevar la voz de su pueblo a través de su liderazgo.

En el año 2008 Barack Obama pronunció esta frase:

"Una voz puede cambiar una habitación. Y si una voz puede cambiar una habitación, entonces puede cambiar una ciudad. Y si puede cambiar una ciudad, puede cambiar un estado. Y si puede cambiar un estado, puede cambiar una nación. Y si puede cambiar una nación, puede cambiar el mundo. Tu voz puede cambiar el mundo".

Los grandes líderes pueden cambiar el Mundo. Es el momento de aprender de los grandes líderes.

El "Fenómeno Zelenski"

Así comienzo este breve capítulo, utilizando la palabra "fenómeno" para cualificar la figura del líder Zelenski.

Entendiendo fenómeno por lo que la filosofía nos presenta como el primer contacto que tenemos con las cosas, en lo que denominamos experiencia o conciencia.

Si a esto unimos la idea del fenómeno de visibilidad, percepción y comunicación que nunca antes un líder había trasladado con esa fortaleza a nivel mundial, nos muestra una ecuación que da sentido a este encabezado.

Zelenski conectó a nivel global el día 24 de Febrero. Para muchas personas era la primera oportunidad de conocer al presidente de Ucrania. Y desde ese primer discurso, desde esa primera aparición, como veremos en un instante en el primer gran descubrimiento de su poder de persuasión, comenzó a crecer este "Fenómeno Zelenski".

Y podemos preguntarnos si tiene que ver este fenómeno con su forma de liderar, con su forma de comunicar, con su forma de inspirar.

Y también podemos plantearnos si otro líder, en idéntica situación, habría conectado como ha hecho Zelenski. Podemos concluir que no.

Zelenski ha sabido comunicar, lo veremos en detalle, de una forma empática, cercana y también firme. Una combinación que ha permitido que su liderazgo de dispare. Y con él, el interés de las personas en todo el mundo por su figura.

En liderazgo hablamos mucho de la figura del líder y como esta inspira y tiene seguidores. Personas que siguen al líder porque quieren, no por obligación, en todos los ámbitos de la vida.

Y la palabra seguidor nos recuerda a una que hace años no tenía el peso que tiene ahora en nuestra sociedad. La palabra "follower".

Zelenski ha sabido comunicar a través de la cámara, una comunicación en vídeo, destinada a sus audiencias directas allí donde ha hablado y dirigida después a las redes sociales. Zelenski ha querido y quiere conectar con el mundo a través de una posibilidad que líderes anteriores en el tiempo no tenían a su disposición, cierto es que tenían otros recursos. El que se le ha presentado a Zelenski en este 2022 es la oportunidad de compartir sus mensajes con personas de todo el planeta de forma directa. Sin intermediarios.

Uniendo todo lo que estamos comentando llegamos a un análisis que quiero compartir lejos de la frivolidad que en ocasiones dotamos a la palabra seguidor, a la palabra "follower". La mirada es muy seria y con todo el poder de conexión directa que tienen con las personas las redes sociales.

¿Es fundamental para Zelenski? Sin duda

¿Lo hace con acierto? Por supuesto

Y ahora viene el análisis que ya te garantizo amigo lector que puede sorprenderte y mucho.

¿Cómo ha crecido el liderazgo de Zelenski gracias a su comunicación, a su liderazgo inspirado?

No ha parado de comunicar, ofrece información constante, su presencia en vídeos es diaria.

¿Y a cuántas personas llegan sus mensajes cada día a través de las redes sociales?

¿En cuántas personas ha despertado interés Zelenski?

Veamos cuatro gráficos. Los dos primeros nos presentan los seguidores de Zelenski en Instagram y Twitter en comparación con algunas y algunos líderes.

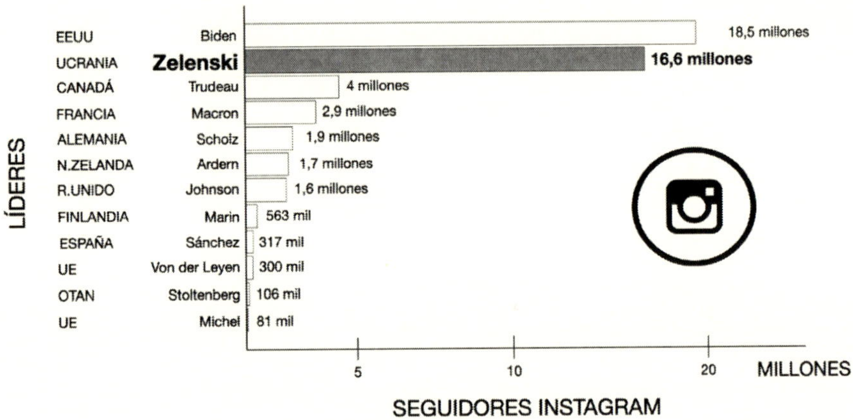

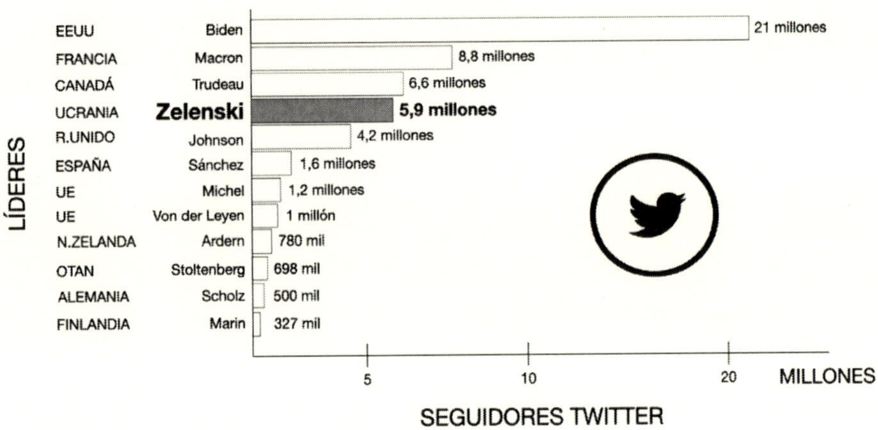

Nota del autor: estas cifras reflejan el número de seguidores en el momento que se envía este manuscrito a imprimir. Hoy esos números son otros seguro.

Como vemos, desde el 24 de Febrero este es el número de personas que siguen a Zelenski. Personas que pueden ver, escuchar sus mensajes. Esta es la clave de lo que estamos reflejando en estos dos gráficos.

Si nos fijamos, en Instagram, entre los líderes que hemos destacado, es segundo, con más de dieciséis millones de seguidores, sólo superado por Joe Biden, presidente de Estados Unidos, con más de dieciocho millones. Muy de lejos aparecen Justin Trudeau, Canadá o Emmanuel Macron, Francia.

Es muy relevante ver que líderes que llevan años en una importante exposición pública como Trudeau o Macron, presentan 4 millones y casi 3 millones de seguidores respectivamente.

En Twitter tanto Macron como Trudeau están por delante del líder ucraniano con casi 9 millones y más de 6 millones respectivamente. Zelenski se acercó a los seis millones después de tan solo un mes y medio de exposición.

Ni están todos los que son ni son todos los que están.

Hemos elegido algunas y algunos líderes en estos gráficos que nos ayudan mostrar el crecimiento en el liderazgo y seguimiento a través de las redes que ha conseguido Zelenski. Hemos puesto la mirada en países, organizaciones y líderes que de alguna manera tengan que ver con Zelenski y con el conflicto que vive su país y que le ha conducido a esta situación de visibilidad máxima. Y sí, no está el presidente de Rusia. En este libro la mirada está puesta en Zelenski.

Revisando este particular quise comprobar que pasaba si incluíamos en las gráficas a dos líderes religiosos como el Dalai Lama y el Papa Francisco. Y este es el resultado.

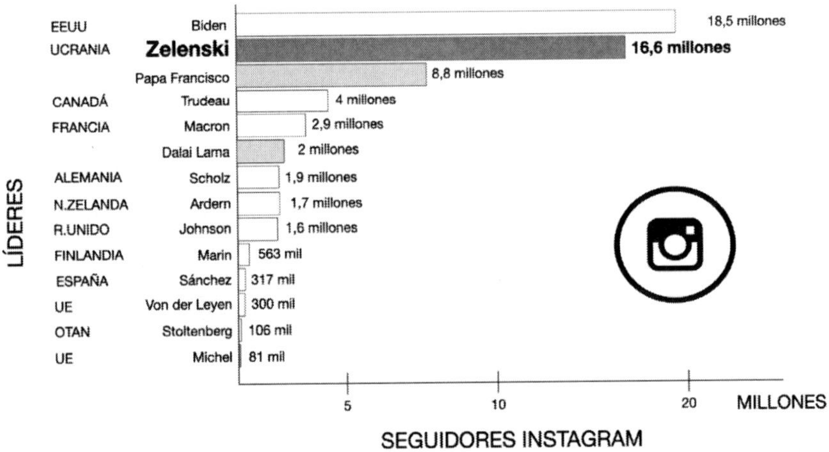

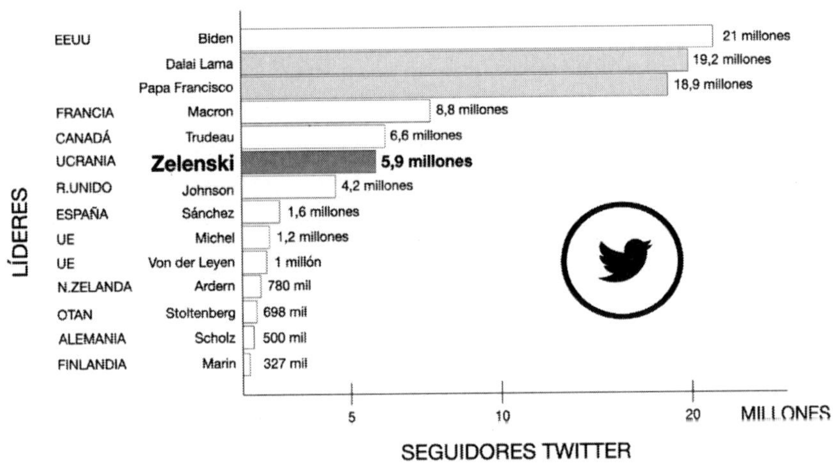

Nota del autor: estas cifras reflejan el número de seguidores en el momento que se envía este manuscrito a imprimir. Hoy esos números son otros seguro.

Si hablamos la capacidad de influencia que tienen los líderes en su comunicación a través de las redes sociales, Zelenski hoy la tiene. Y la trabaja, la sigue trabajando para hacerla crecer.

En esta ocasión nos estamos fijando en la influencia de la comunicación de una líder, de un líder a través de las redes y en el caso de Zelenski en su posicionamiento mundial en comparación a otros líderes.

Sería motivo de otro capítulo, el análisis de su aparición constante en todas las televisiones del mundo, casi todas, gracias a sus mensajes televisados. A su comunicación cien por cien audiovisual.

Libro solidario

Este libro, como no podía ser de otra manera, quiere aportar su granito de arena a las personas que más están sufriendo la sinrazón de la guerra: las niñas y los niños, las mujeres y hombres, las ancianas y ancianos de Ucrania.

Desde ya quiero que sepas este libro también cumplirá una misión de ayuda. Y lo hace gracias a ti. Si estás leyendo estas líneas ya estás contribuyendo a ayudar a Ucrania. Si estás leyendo en una librería esta introducción ya sabes que tú también puedes contribuir con solo comprarlo.

¿Y cómo lo vamos a hacer?

Parte del beneficio que como autor de este libro obtengo irá destinado de forma directa a la ayuda de Ucrania a través de la cuenta que la Embajada de Ucrania en España a dispuesto a tal fin.

En la página web de la Embajada de Ucrania en España, https://spain.mfa.gov.ua/es, figura de la siguiente manera.

El Banco Nacional de Ucrania ha abierto una cuenta para ayuda humanitaria a los ucranianos afectados por la agresión rusa.

La cuenta se utilizará para acreditar asistencia caritativa de Ucrania y del extranjero. El Ministerio de Política Social utilizará los fondos recaudados para brindar apoyo a los ciudadanos de Ucrania que están sufriendo la guerra.

Detalles de la cuenta especial oficial: UA823000010000032302338301027

La cuenta es multidivisa, fue creada y abierta para la transferencia de fondos de socios y donantes internacionales - en moneda extranjera (dólares estadounidenses, euros, libras esterlinas) y de empresas y ciudadanos ucranianos - en divisa nacional.

Es la forma más directa para ayudar a Ucrania. Te doy en mi nombre y en el de tantas personas que necesitan esa ayuda las GRACIAS con mayúsculas.

Quiero dar las GRACIAS también a los periodistas, voces de la radio, presentadoras y presentadores de televisión y firmas reconocidas por el análisis, la valoración que hace del liderazgo y la comunicación de Zelenski. Lo veremos al final del libro.

Y a Kerry Kennedy, Presidenta de la Robert F.Kennedy Human Rights por escribir el prólogo. Su presencia en este libro tiene un valor doble. Como Presidenta de la Fundación, trabaja todos sus días a favor de los derechos humanos. Algo que está sufriendo Ucrania.

Cómo hija de Robert F.Kennedy representa el legado de uno de los líderes que más y mejor ha conectado desde la emoción y la empatía. Ejemplo de Liderazgo inspirado.

Introducción

¿Cómo liderar personas con emoción, técnica y empatía en este S.XXI?

"Zelenski: El Churchill de este S.XXI"

Os doy la bienvenida a este viaje de comunicación, empatía y conexión con personas. Un manual que nos llevará de la mano del liderazgo del Presidente de Ucrania Volodímir Zelenski, a bucear en el Método y los recursos que ha utilizado para convertirse, desde mi punto de vista, en el Churchill de este S.XXI

¿Y Por qué nos interesa a nosotros conocer esas fórmulas secretas que permiten mover a la acción, motivar e inspirar a las personas?

Cada vez más necesitamos lideres inspirados en las organizaciones, en las empresas, en la sociedad que permitan una conexión verdadera gracias a una comunicación cercana y poderosa.

Tener éxito en comunicación nos permitirá conectar las ideas de forma única, motivar cambios en nuestra sociedad, en nuestras organizaciones, en nuestras empresas y sacar adelante proyectos motivando a nuestros equipos como nunca antes lo hemos conseguido.

Y ya te garantizo que el trabajo que hemos hecho en este viaje por los discursos de Zelenski te ayudará a cumplir con estos objetivos. Y no sólo el de crecimiento profesional, también el de crecimiento personal.

Crecerás en Carisma, Poder Personal y Liderazgo Verdadero.

Y con ese crecimiento llegarán todos los resultados que te propongas.

Los secretos de la comunicación de Zelenski a tu alcance

Hoy salen a la luz para que puedas utilizarlos siempre que quieras esos recursos que hoy te impactan del presidente de Ucrania y que mañana impactarán a tus interlocutores, a tus audiencias, a tus clientes para lograr una conexión verdadera, profunda y duradera. Y con ella llegarán los resultados y se cumplirán los objetivos de esa comunicación.

El crecimiento en el Liderazgo de Zelenski es de los más llamativos que hemos vivido en las últimas décadas. Como comentábamos al principio en la frase que da pie a esta Introducción, hablamos del "Churchill de este Siglo XXI".

Su crecimiento es directamente proporcional a la presencia en el otro lado de Vladimir Putin. Idéntico escenario que comparte y le une con Churchill, en frente tenía a Adolf Hitler.

Pero sólo esa coincidencia no es suficiente para crecer en Liderazgo. No se entiende un crecimiento como líder sin un poder de comunicación que conecte con las personas a las que te diriges. La influencia gracias a la comunicación emocional, directa y con mensajes muy claros del líder ucraniano marca la diferencia.

¿Sería hoy el líder que es Zelenski si no se hubiese visto en una situación como esta?

¿Lo hubiera sido Churchill?

Lo que es seguro es que la historia puso a los dos en una situación única. Y un solo ser humano, gracias a su liderazgo, es capaz de unificar el mensaje de todo un pueblo. Es capaz de infundir aliento, de motivar hasta en la situación más difícil. Es capaz de defender sus intereses con una firmeza extraordinaria ante los líderes más poderosos del planeta.

Es comunicación en estado puro. No olvidemos que somos nosotros los que fabricamos la percepción del liderazgo de otra persona cuando es visible hacia los demás. Es en loes momentos de visibilidad donde ese liderazgo crece exponencialmente o lo contrario.

En este momento el líder ucraniano muestra que una forma de liderar desde la emoción y la firmeza es posible. Buscando siempre una conexión profunda con sus audiencias. El poder de la conexión humana en estado puro.

Hoy hablamos de un Liderazgo, el de Volodímir Zelenski que es aplaudido en todo el mundo. Aplaudido de verdad. La imagen más repetida y que ha inspirado nuestra cubierta es justo esa. El líder ucraniano en una pantalla, ovacionado en algunos casos, aplaudido en todos, con las personas en pie en todos los escenarios en los que ha intervenido.

Su ejemplaridad y coherencia son dos claves que también le permiten crecer en la percepción que todos tenemos de él como líder.

Es tal su presencia que he pensado que sería bueno compartir claves de su comunicación en www.metodozelenski.com y thezlenskymethod.com, en su versión en inglés. Ya están a tu disposición.

Qué te llevarás en este libro

La intención de este Libro es que puedas utilizar todas esas técnicas, esos recursos que Zelenski pone en escena para inspirar a las personas, para motivar a tus equipos, motivar a tu comité de dirección, comunicar de forma efectiva con tus clientes, mostrarte firme en una negociación con mensajes directos y por supuesto conectar de verdad con la emoción de tu audiencia por diferentes caminos.

Cuando escribí Habla Como Un Líder os presenté un Método, el Método Presentac10n, que tiene como objetivo mejorar nuestras comunicaciones, presentaciones y discursos de forma eficaz en poco tiempo.

Este Método Presentac10n presenta tres pilares: el factor humano, la estructura de mensaje y los apoyos visuales.

Defino el factor humano como la capacidad que tenemos cada uno de nosotros para conectar de forma profunda con otros seres humanos. Nosotros, gracias a nuestra voz y nuestro poder de la presencia tenemos en nuestra mano la posibilidad de generar una sincronía total entre todas las personas con las que comunicamos.

La estructura de mensaje tiene como objetivo poner en escena una comunicación efectiva, directa y sencilla. Mensajes claros con una estructura que permita que las personas de este tiempo se queden con los máximos mensajes posibles. Ya sabéis los que me seguís que no es lo mismo, debido al spam de atención, conectar con personas del S.XXI si las comparamos con personas de décadas, incluso de años pasados.

En este libro no perderá la esencia de la búsqueda de claves que desde el factor humano y la estructura de mensaje del líder de Ucrania os permitan crecer como líderes de forma única.

Por eso compartiremos recursos del poderoso factor humano de Zelenski y técnicas para compartir mensajes, ideas de forma efectiva de la mano del Presidente de Ucrania.

Y prestaremos mucha atención a algo en lo que todos podemos dar un salto de calidad: la comunicación multimedia en este tiempo. Videos, Redes Sociales, comunicación a cámara.

En este tiempo Volodímir Zelenski también ha sabido conectar con toda la tecnología disponible en este mundo interconectado y donde los mensajes audiovisuales son esenciales si quieres llegar. El presidente de Ucrania ha ejercido con una excelencia de notable alto lo que denomino Comunicador Total S.XXI uno de los mantras que en más ocasiones comparto en las Conferencias de liderazgo, comunicación, motivación y poder personal que comparto con personas en organizaciones de todo el mundo.

Es también algo que trabajo de forma muy especial en las sesiones de formación en habilidades de liderazgo y comunicación con directivos de las empresas globales más reconocidas del mundo en España y América latina.

Incorporaremos recursos internos de gran valor para conectar con personas.

Aprenderemos tácticas, técnicas, recursos de comunicación que pondremos en práctica de forma inmediata en nuestras presentaciones, comunicaciones, discursos, reuniones de equipo, en comunicación presencial u online. Podrás utilizarlas en cuanto termines de leerlo.

Si te estás preguntando si puedes incorporar claves de la comunicación de Zelenski para tu éxito dentro de una organización, la que sea. La respuesta es sí.

Este libro que tienes entre tus manos, gracias a todos esos recursos que he sintetizado para ti, nace con la intención de ayudarte a inspirar desde la emoción. Tiene como guía a Volodímir Zelenski y a su manual de liderazgo y comunicación único. Tenemos que decir que por desgracia se ha presentado debido al drama que vive un país como Ucrania. La pregunta que también podemos hacernos es ¿Qué habría pasado si otro líder o Zelenski en una versión menos poderosa de Zelenski no hubiese aparecido?

Seguro que muchas repuestas nos vienen a la cabeza en este momento

Crecerás en un liderazgo inspirado para mover a la acción a las personas y conseguir resultados en las organizaciones gracias al poder de la conexión humana.

En este manual extractamos para ti, con ejemplos prácticos, todo aquello que te ayudará a crecer en credibilidad, seguridad, autoestima, carisma, poder personal, influencia desde la ética y la habilidad para conectar desde la emoción con una empatía única.

Paso a paso desvelaremos las tácticas de liderazgo carismático que utiliza Zelenski en sus comunicaciones y que desde ya podrás incorporar a tu estilo de liderazgo.

Los secretos del Churchill de este S.XXI comienzan en estas páginas

Bienvenidos al Método Zelenski. Como inspirar desde la emoción.

Un viaje de aprendizaje por sus discursos

Comenzamos por tanto el recorrido por diferentes momentos de comunicación del líder de Ucrania. Quiero comentarte amigo lector que aquí verás algunos de sus discursos, no todos. Están varios de los más importantes desde que comenzó la invasión de Ucrania.

Es posible que cuando enviemos el libro a imprimir y después salga a la luz Zelenski siga protagonizando momentos de liderazgo sostenible en el tiempo. Momentos de una comunicación que nos sigan dejando claves y recursos muy interesantes, en algunos casos únicos. Siento que si se da esta circunstancia nos plantearemos una parte II. Ya te adelanto que es muy probable que pronto tengamos un Método Zelenski, parte II, en nuestras librerías.

Si estás leyendo la versión en español de Método Zelenski, Cómo liderar desde la emoción, comparto contigo que todos los discursos en su versión en inglés han sido extraídos de la web oficial www.president.gov.ua en su versión en inglés y que han sido traducidos de forma literal al castellano. Aunque la excelente intérprete de conferencias y traductora que nos acompaña en este viaje, Priscilla Chase, ha visto que en algunas ocasiones la traducción del ucraniano al inglés podía ser mejorada, ha sido fiel a la traducción presentada en la web para que te llegue, amigo lector, de forma precisa.

Si estás leyendo la versión en español nuestro libro comienza con el discurso del presidente de Ucrania ante el Congreso de los Diputados de España. Si estás leyendo la versión en inglés, comenzamos este viaje por sus discursos por el que pronunció ante el Congreso de Estados Unidos.

Detrás de cada discurso, ahí no hay diferencias, desvelaremos los secretos de comunicación más relevantes de cada uno de ellos. He incidido en aquellos que en cada discurso son especiales intentando no destacar la misma técnica. En algunos casos repite alguna técnica, lo considero parte del Manual de Estilo de Zelenski. Y cuando ayuda a entender un patrón que nosotros también lo podemos utilizar, lo destaco con intención para que podamos utilizarlo con éxito nuestras próximas comunicaciones.

El libro tiene el objetivo de una aplicación práctica de lo aprendido por eso, después de ese momento descubrimiento de la técnica responderemos a la pregunta. ¿Cómo puedo utilizarlo en mis comunicaciones, en mis presentaciones, en mis discursos?

Es ahí donde compartimos cómo ponerlas en escena.

Si eres un servidor público o aspiras a serlo, te servirá.

Si te gusta la comunicación política y quieres dedicarte a ello, te servirá.

Si hoy eres una política, un político con una visibilidad importante, te servirá.

Si eres una directiva que quiere conectar de forma empática y directa para conseguir resultados, te servirá.

Si eres un profesional que quiere aprender a utilizar claves de negociación a través de una comunicación, te servirá.

Si lideras equipos a los que quieres inspirar, te servirá.

Si eres un emprendedor y quieres conectar tu producto con tus audiencias, te servirá.

Si eras una conferenciante, un conferenciante que quiere incorporar recursos para elevar su conferencia a otro nivel de impacto, te servirá.

Dicho esto.

Si tienes que enfrentarte a situaciones de comunicación de crisis donde tu liderazgo es vital, te servirá.

Si buscar conectar con un interlocutor, con una audiencia que tiene dudas sobre tu mensaje principal o que muestra una oposición frontal, te servirá.

Espero amiga, amigo lector que nunca te sirvan para que tengas que emplearlas en una situación parecida a la que está viviendo Zelenski.

5 de Abril de 2022

Discurso del Presidente de Ucrania ante el Congreso de los Diputados de España

1210 palabras

10 minutos

"Es como si fuera 1937.
Guernica"

¡Estimada Sra. Presidenta del Congreso de los Diputados!

¡Estimado Sr. Presidente del Gobierno!

¡Estimados señoras y señores, diputados y senadores!

¡Estimados miembros del Gobierno!

¡Estimado pueblo de España!

Gracias por esta oportunidad, con gran respeto de todo el pueblo ucraniano hacia ustedes.

Me dirijo a ustedes con la esperanza de que comprendan sobre todo nuestro dolor por la guerra y nuestra esperanza de paz. Porque para nosotros en Ucrania ahora está amenazado absolutamente todo lo que es la base de la vida pública para ustedes.

Somos uno de los países más grandes de Europa. Y uno de los más variados. Pero unidos por la democracia y el respeto a cada persona, a cada comunidad.

Quiero darles sólo un ejemplo de nuestro Estado, de nuestra vida. Tenemos el Consejo de Iglesias y Organizaciones Religiosas de toda Ucrania. Las diferentes confesiones, los diferentes puntos de vista sobre la vida pública y las relaciones entre el Estado y la Iglesia siempre se acuerdan pacíficamente y con respeto a los demás en el formato de este Consejo. Este es sólo un ejemplo, pero demuestra que nosotros, los ucranianos, estamos comprometidos con la paz y con un entorno libre de conflictos, incluso en cuestiones tan delicadas que en muchas otras sociedades siempre provocan controversias y conflictos.

Rusia llegó a nuestra tierra con la guerra no ayer ni anteayer. Ha pasado mucho tiempo. Hemos estado protegiendo nuestro país de la agresión brutal y no provocada desde 2014. Primero - la ocupación de nuestra Crimea. Luego - la guerra en el Donbás ucraniano. Ahora - ya 41 días de invasión a gran escala. La peor guerra en Europa desde la Segunda Guerra Mundial.

Pero, ¿por qué Rusia vino a nosotros, a nuestra casa, a Ucrania? ¿Qué deben destruir exactamente las armas rusas?

No sólo nuestro pueblo. No sólo cualquier base para una vida pacífica. Sino también la oportunidad de vivir sin una dictadura. La oportunidad de vivir sin violencia de Estado. La oportunidad de ser una democracia abierta y sostenible. Oportunidad de coexistencia pacífica de diferentes religiones, diferentes comunidades.

El formato de la vida estatal rusa no prevé todo lo que es absolutamente familiar para nosotros, para Ucrania. Rusia quiere asegurarse de que sólo un orden domina en toda nuestra región – el tiránico. Para que se destruya cualquier diversidad. Para que sea imposible encontrar un terreno común y compromisos entre las diferentes comunidades.

Esto es exactamente lo que está ocurriendo ahora en Rusia. Esto es exactamente lo que quiere establecer en Ucrania. Y luego en toda la región de Europa Oriental y Central.

¿Y qué pasará después?

Sé que para su país, para España, es importante que se proteja el sistema democrático. Que se garantice la paz en el continente europeo.

Pero, ¿cómo puede ser esto posible ahora? Después de que Rusia empezara a destinar todos sus recursos estatales a la propagación de la guerra y a la destrucción de cualquier base de vida normal.

Imagínense esto: las madres de Ucrania escriben en la espalda de sus hijos pequeños el nombre del niño, los números de teléfono de sus familiares con el bolígrafo de siempre... ¿Por qué? Porque si los ocupantes matan a sus padres, habrá al menos una pequeña posibilidad de que alguien salve a estos niños.

Imagina que la gente ahora -en Europa- vive durante semanas en los sótanos para salvar vidas. De los bombardeos, de las bombas aéreas. Diariamente. Dos mil veintidós, abril - y la realidad en Ucrania es como si fuera abril de 1937. Cuando el mundo entero aprendió el nombre de una de sus ciudades - Guernica. Imagínense que en las ciudades corrientes se pueden crear artificialmente condiciones en las que más de cien mil personas viven durante semanas sin agua, sin comida, sin medicamentos.

Las tropas rusas bloquearon nuestra ciudad de Mariupol hace más de tres semanas. Están destruyendo la ciudad por completo: ya no hay más que ruinas. Más del 90% de los edificios han sido destruidos. Las personas muertas fueron enterradas en los patios cerca de los edificios altos destruidos en los que vivían...

Los aviones rusos bombardearon incluso los edificios de Mariupol en los que sabían exactamente que se escondía la gente. Los niños se escondían...

Ucrania habla de ello todos los días. Todos los días durante los días de esta invasión. Pero la guerra continúa. Rusia no se toma en serio la paz.

Lo peor es que aún no sabemos cuánto durará la guerra hasta que el mundo haga finalmente todo lo necesario para la paz.

Se necesitan sanciones realmente severas. Las más severas. ¿Cómo podemos permitir que los bancos rusos generen beneficios mientras los militares rusos torturan a civiles comunes hasta la muerte en las ciudades ucranianas? ¿Cómo pueden las empresas europeas comerciar con un Estado que está destruyendo deliberadamente a nuestro pueblo?

Sé que muchas de sus empresas ya han dejado de financiar la maquinaria militar rusa a través de los impuestos. Quiero darles las gracias a ustedes, a sus ciudadanos y a su gobierno. Agradezco a estas empresas, a todo su Estado y a su sociedad la postura de principio ante las sanciones.

Pero al mismo tiempo, quiero dirigirme a algunas empresas, como Maxam, Porcelanosa, Sercobe y otras empresas -creo que ustedes las conocen mejor que yo- para que dejen de hacer negocios con Rusia.

Lo que nuestra ciudad de Bucha, nuestra ciudad de Borodyanka, nuestras otras ciudades han experimentado son crímenes de guerra. Crímenes contra la humanidad. Sin prescripción de los crímenes. Este es un fundamento absolutamente claro para que los militares y los comandantes rusos sean condenados por un tribunal internacional.

En estas condiciones, ¿cómo pueden los países del mundo comprar libremente petróleo ruso y permitir la entrada de barcos rusos en sus puertos?

¡Señoras y caballeros!

¡Pueblo español!

Ahora se está decidiendo el destino no sólo de nuestro Estado en el territorio de Ucrania. Sino también el destino de todo el proyecto europeo, de los valores que nos unían a todos. A nosotros con ustedes. De la democracia que nos unió a todos. De los derechos humanos, que se han convertido en un valor fundamental para todos nosotros.

Agradezco a su país que apoye las decisiones comunes europeas en favor de la paz. Pero todos nosotros en Europa, todos nosotros en el mundo tenemos que hacer aún más para obligar a Rusia a buscar la paz. Para que Rusia empiece por fin a respetar el derecho internacional.

¿Qué se necesita para ello?

Todo el mundo en Europa debe simplemente dejar de tener miedo. Dejar de ser débiles. Tienen que hacerse fuertes. Poner los valores y la democracia por encima de las amenazas que difunde Rusia.

Estoy seguro de que el miedo no tiene que ver con usted. Pero les pido que hagan todo lo posible para que otros países europeos no tengan miedo tampoco. Pueden ayudarnos. Ayudar al mundo. Dennos las armas que necesitamos. Y agradecemos esa ayuda, ese armamento, todo lo que ya nos han dado. Pueden apoyar más sanciones que sean necesarias. Y también pueden destruir el miedo a Rusia allá donde lo vean.

Porque la democracia no debe tener miedo. La libertad debe ser protegida. Los derechos humanos deben estar por encima de todos los cálculos. El derecho a la paz. El derecho a la vida. El derecho a la felicidad, al libre desarrollo. El derecho a la seguridad familiar. El derecho al futuro de los hijos. El derecho a una vejez digna de los padres. El derecho al respeto de toda comunidad. El derecho a estar con ustedes, España, juntos en una familia europea.

¡Gloria a Ucrania!

Los secretos de su comunicación

Emoción

Si algo destaca especialmente en la comunicación de Zelenski es la búsqueda de la conexión con sus audiencias desde la emoción. Y en eso es realmente distinto a muchos líderes que en comunicación no son capaces de conectar de forma profunda.

Hemos empezado por el discurso ante el Congreso de los Diputados después de muchos otros de Zelenski por medio mundo. Por tanto, destacamos de inicio una de sus máximas, de su esencia como comunicador: la búsqueda de aquello que conecte a tu audiencia.

En España hace referencia a Guernica y al año 1937. Es algo que veremos en varias de sus intervenciones, la búsqueda de algo que conecte con su audiencia.

Personaliza en mensaje, no construye un discurso que valga para todos sus públicos por igual.

Esto es lo primero que destaco siendo que en este discurso no lo utiliza como hilo conductor poderoso, relevante, esencial, como si veremos después en otros momentos y en otros escenarios.

Desde mi punto de vista hace un acercamiento. Una pincelada. Sin profundizar.

Donde siento que está la clave de su discurso en España es en el siguiente recurso.

Directo al punto

Zelenski siempre agradece, y lo hace con diferente peso, lo que los países, o dirigentes con nombre propio han hecho o hacen por su país.

Y normalmente justo después amplía su petición de acción, trabaja muy bien el call to action, la llamada a la acción. También "eleva el tono" ante una audiencia cuando cree que su audiencia no está haciendo lo suficiente. Y esto es algo no muy habitual en la comunicación política y empresarial. Lo que se llama directo al punto. Sin rodeos. El líder siente que tiene la fortaleza y el derecho para expresarse así. Procede para conseguir objetivos que están por delante de un lenguaje complejo o edulcorado.

Sin duda, para mí, el momento de este discurso es el siguiente:

"Quiero darles las gracias a ustedes, a sus ciudadanos y a su gobierno. Agradezco a estas empresas, a todo su Estado y a su sociedad la postura de principio ante las sanciones.

Pero al mismo tiempo, quiero dirigirme a algunas empresas, como Maxam, Porcelanosa, Sercobe y otras empresas -creo que ustedes las conocen mejor que yo- para que dejen de hacer negocios con Rusia".

Lo primero pone sobre la mesa sin dudarlo un instante el nombre de las empresas. Bien podría haber dicho en genérico "empresas españolas". ¿Habría tenido el mismo efecto? Desde luego que no. De hecho, será obligado, al margen del análisis de las técnicas de comunicación de Zelenski, comentar hasta qué punto un comunicador como el carismático líder ucraniano logró una reacción inmediata en una de las empresas a las que citó por el nombre. Ahora lo veremos.

En la primera parte de este extracto de su discurso pone el nombre a las empresas y después deja muy claro su call to action, qué quiere que haga su audiencia.

"Dejen de hacer negocios con Rusia".

Este es un momento de comunicación que demuestra la firmeza del líder a la hora de comunicar lo que quiere comunicar y decir lo que quiere que haga la audiencia a la que se dirige.

Antes de seguir compartiendo recursos, es tiempo para explicar el efecto inmediato de su discurso.

Ese mismo día, de urgencia, el Presidente de Porcelanosa Héctor Colonques y la Consejera Delegada María José Soriano convocaron una rueda de prensa para informar que desde que se inició el conflicto su empresa paró los tratos comerciales con Rusia.

La voz de un líder desencadenó esta tormenta. Al día siguiente Porcelanosa y el embajador de Ucrania en España se reunieron. Con un "Hemos resuelto el malentendido" terminó esa cumbre de urgencia.

La rapidez en la gestión de una comunicación de crisis como esta por parte de Porcelanosa era necesaria. Y así se hizo. La empresa hizo lo que tenía que hacer.

Emoción y mensaje

Como vemos hemos empezado destacando la emoción y lo que llamamos directo al punto. No dejamos este momento clave de la comunicación ante el Congreso de los Diputados de España para destacar cómo Zelenski busca posicionar una emoción para que fortalezca el mensaje que va después.

Es un recurso de comunicación muy poderoso y que todos podemos utilizar para favorecer una comunicación de impacto y donde la emoción juega un papel esencial.

Es muy diferente recibir un mensaje en un estado emocional que en otro. Recibir un mensaje con una emoción poderosa que se ha instalado en nuestro cuerpo de forma intensa, para después compartir ese mensaje.

Zelenski busca que ese mensaje se apoye en la emoción que acaba de instalar instantes antes.

¿Y cómo lo hace? ¿En qué momento utiliza este recurso?

El líder de Ucrania narra la tragedia más dura de la guerra. Habla de las ciudades destruidas. Habla de personas enterradas, de niños escondiéndose. Habla de torturas.

Inmediatamente después se pregunta ¿Cómo las empresas europeas pueden comerciar con un Estado que está destruyendo deliberadamente a su pueblo?

Después de instalar la emoción en la audiencia con la narración de estos hechos, es entonces y no antes cuando señala a las empresas y pronuncia su nombre.

Esa vinculación de la emoción con el mensaje es muy poderosa. Con esa emoción instalada crece mucho más poder de comunicación efectiva del mensaje que quiere compartir. Como vemos emoción y llamada a la acción unidos por el poder de la emoción multiplican el factor impacto en la audiencia.

Si Zelenski no hubiera entrado en detalle de la dureza de la guerra con ejemplos, y hubiera simplemente dicho empresas españolas, nada habría ocurrido después. Nos referimos, por ejemplo, a la rueda de prensa de la empresa española.

Palabra clave
Dictadura VS Democracia

Sólo en un discurso, sólo en un discurso hasta la fecha, cuando estoy escribiendo estas líneas, el dirigente ha pronunciado la palabra dictadura.

Y la pronuncia en España

"¿Qué deben destruir exactamente las armas rusas?

No sólo nuestro pueblo. No sólo cualquier base para una vida pacífica. Sino también la oportunidad de vivir sin una dictadura".

En la elección de las palabras dependiendo de la audiencia con la que quiere conectar es minucioso, detallista, efectivo. Tan importante es la palabra dictadura para esta audiencia como insignificante se presentaría para otra.

Y es entonces cuando todas las palabras vinculadas a la palabra elegida, "dictadura" y a la esencia de lo que quiere preservar el público al que buscas inspirar, se presenta.

¿Y qué palabra se presenta entonces? Democracia, democracia y democracia.

Esta es la palabra clave que riega buena parte de su discurso camino del cierre. Es ahí donde une todo el poder de una palabra, en este caso dictadura otra que toca en la misma dirección que es democracia. Zelenski elige cerrar con una palabra clave uniendo un recurso que bien empleado es cognitivamente agradable al oído, la anáfora.

Palabra clave
Anáfora

La anáfora consiste en una repetición de una palabra o una idea, una frase breve, en el comienzo de la exposición de varios contenidos.

El objetivo es que esa palabra, por repetición, presida los contenidos que vas a compartir con tu audiencia.

En al arte de la expresión oral funciona muy bien. Diferente es en el arte del lenguaje escrito. Me explico. Cuando preparamos una presentación de empresa, un discurso, y estamos anotando, escribiendo esa anáfora en el papel, puede pasar que lo recibamos al ojo como redundante.

Y es normal que lo veamos así.

Lo que sucede es que tu audiencia no lo va a ver después escrito en un papel, lo va a escuchar.

Así finaliza Zelenski el discurso en España:

"Porque la democracia no debe tener miedo. La libertad debe ser protegida. Los derechos humanos deben estar por encima de todos los cálculos. El derecho a la paz. El derecho a la vida. El derecho a la felicidad, al libre desarrollo. El derecho a la seguridad familiar. El derecho al futuro de los hijos. El derecho a una vejez digna de los padres. El derecho al respeto de toda comunidad. El derecho a estar contigo, España, juntos en una familia europea. ¡Gloria a Ucrania!"

Aquí vemos la fusión de las palabras clave que se presentan después de pronunciar la palabra dictadura. Pasa por democracia y termina en el derecho. El derecho se convierte en la palabra clave en ese recurso, en la anáfora, que por repetición quedará en nuestra mente. Un cierre de discurso en el que unimos diferentes recursos.

Idea titular

Aunque veremos ejemplos mucho más potentes durante este libro y trabajaremos específicamente la técnica de la idea principal en el desarrollo de nuestras presentaciones, quiero detenerme un momento en lo que llamo idea titular.

Cada vez más, por el entorno multimedia que nos movemos, por cómo recibimos la información y cómo la procesamos, construir ideas-titular es importante.

Pensemos que ideas-titular están destinadas a convertirse en una frase clave que puede ser reproducida de forma muy rápida en las redes sociales, periódicos digitales y rotulación en informaciones televisivas.

Este tipo de ideas-titular se convierten en una frase que no pasará desapercibida. Será una idea-titular que además contribuirá con impacto al mensaje. Ayudará a que sea recordado. Algo diferente, con contraste y que en algunos casos puede rozar la exageración con el objetivo de llamar la atención sobe el mensaje.

Vaya por delante que todo lo que tiene que ver con una comunicación con hipérboles y exageraciones intencionadas que se alejan de la veracidad del contenido entra de lleno en lo que denomino comunicación oscura. Este camino no es el que hemos elegido en el crecimiento del liderazgo de las personas a las que acompañamos.

En este caso ponemos la mirada en esa idea-titular. Tiene como objetivo principal y que pueda ser destacada con peso de forma sencilla, rápida y entendible para todos.

"La peor guerra en Europa desde la Segunda Guerra Mundial"

Esta es la idea-titular que comparte Zelenski en España. Posiblemente estarás acudiendo a alguna comparación pasada para dotar de autoridad máxima a esta frase. Y además impacta. Cumple con los parámetros de la técnica que estamos analizando.

Quiero terminar este primer análisis si estás leyendo la edición en español con una última clave.

Tiene que ver con una combinación entre el eufemismo y la sustitución de palabras que definen a la perfección lo que queremos decir y que en ocasiones algunas personas deciden sustituir por otras.

Sustitución de palabras y eufemismo

Entendemos eufemismo como "Palabra o expresión más suave o decorosa con que se sustituye otra considerada tabú, de mal gusto, grosera o demasiado franca".

Entendemos como sustitución de palabras la elección de una diferente para reducir el peso y la carga emocional de la qué más y mejor define lo que queremos decir.

Es lo que sucede en el discurso de Zelenski en España. Llama a las cosas por su nombre. Eso garantiza que todo el mundo lo entiende.

El líder de Ucrania pide ayuda a España de forma directa. Y lo que pide son armas, armas, armamento.

No pide material bélico ofensivo.

"Pueden ayudarnos. Ayude al mundo. Dennos las armas que necesitamos. Y agradecemos esa ayuda, ese armamento, todo lo que ya nos han dado".

Unas palabras siempre definen mejor que otras lo que queremos decir, y si algo hemos visto en el estilo de comunicación del presidente es que busca utilizar la apropiada, la que dota de la carga emocional que corresponde al mensaje que quiere compartir.

Elige la palabra que toca.

¿Acaso es lo mismo un conflicto bélico que una guerra?

Permitidme una licencia en este punto para utilizar un ejemplo en esta dirección.

Hay un momento en que queremos compartir un mensaje positivo, en tiempos de pandemia podría ser "Ya tenemos vacunas"

Os imagináis a una persona diciendo: "Ya tenemos los inyectables con la sustancia compuesta por una suspensión de microorganismos atenuados o muertos para introducirlos en el organismo de los ciudadanos para tratar el Covid19"

Si has esbozado una sonrisa en este momento, me parece ideal.

Ahora es momento como audiencia de diagnosticar cuándo ciertos oradores quieren conseguir en nosotros es efecto. Sustituyen con intención palabras para reducir el peso, el valor, la carga emocional de la palabra que toca. ¿Se ve bien?

Cómo aplicar las técnicas en tus presentaciones, en tus comunicaciones, en tus discursos

— Contempla en tus comunicaciones el peso emocional, la carga emocional de las palabras elegidas ¿Es lo mismo un buen trabajo que un trabajo impecable?

— Elige la palabra que mejor dote de significado a lo que quieres decir. No la sustituyas de forma compleja con intención de evitar la que mejor lo expresa.

— Suaviza la comunicación con un eufemismo cuando consideres que tu impacto sobre la otra persona puede ser muy duro.

— Descarta el eufemismo cuando desde la firmeza quieres invitar a la acción a tu interlocutor mostrando fortaleza y determinación. Siempre desde el respeto. Seguro que esta última frase no habría sido necesario escribirla.

— Si en tu audiencia existe alguna clave emocional, histórica, experiencial que puedas poner sobre la mesa conectarás más y mejor. Conduce a tu audiencia a ese anclaje emocional que fortalecerá tu mensaje.

— Posiciona emocionalmente a tu audiencia y comparte un mensaje inmediatamente después. Recibirán esa información arropados por la carga emocional, bajo el estado de ánimo que sienten en ese momento. El mensaje multiplicará su impacto.

— Elige la palabra que significa algo para tu audiencia, esa que tiene un valor especial. Porque representa algo, porque genera emociones en tu público. Y encuentra palabras que apoyen a esa principal. Riega tu presentación con esas palabras que apoyarán a la primera. El poder de la palabra transformará un pensamiento en una emoción.

— Una palabra directa el cerebro de tu audiencia: éxito garantizado. Si sentimos que una palabra puede marcar la diferencia en el mensaje que queremos compartir. Si vemos clave que esa palabra se quede en nuestra audiencia por numerosa que sea. Y que se la lleven después de nuestra presentación, utiliza la anáfora. Repítela justo antes de varios contenidos, de varios mensajes. Utiliza con moderación la técnica. Una sobreexposición puede surtir el efecto contrario.

— Y un tip más que tiene la anáfora. En ocasiones, es verdad, no vemos claramente cuándo utilizarla. Revisa tu discurso, tu presentación. Seguro que en más de una ocasión tienes enumeraciones, varios contenidos separados por comas. Tres, cuatro cinco ideas. Plantéate si puedes cambiar las comas por una palabra clave que introduzca cada mensaje. Todos los mensajes colgarán de esa palabra y dotarán de un mayor poder cognitivo a esa parte de tu presentación. La palabra elegida introducirá cada contenido de una forma poderosa.

— Énfasis ascendente. Una anáfora desde la perspectiva de estructura de mensaje debe venir bien acompañada por un buen factor humano. Desde la perspectiva de la utilización de la voz es recomendable dotar de un énfasis diferente a la palabra en cuestión. Al oído le encanta. Es lo que llamo "énfasis ascendente".

24 de Febrero de 2022

Discurso del Presidente de Ucrania

669 palabras

5 minutos 24 segundos

"Es el sonido de un nuevo telón de Acero"

Ciudadanos de Ucrania.

¿Qué oímos hoy? No son sólo explosiones de cohetes, batallas, el rugido de los aviones. Es el sonido de un nuevo Telón de Acero que baja y aísla a Rusia del mundo civilizado. Nuestra tarea nacional es hacer que este telón no pase por nuestro territorio ucraniano, sino por la casa de los rusos.

El ejército ucraniano, nuestros guardias fronterizos, la policía y los servicios especiales detuvieron los ataques del enemigo. En el lenguaje del conflicto, esto puede llamarse una pausa operativa.

En Donbas, nuestras Fuerzas Armadas lo están haciendo fenomenal, la dirección de Kharkiv es muy difícil, las fuerzas para la defensa de la ciudad están trabajando, son fiables, son nuestros hombres. La situación más problemática hoy en día está en el sur. Nuestras tropas están librando intensos combates en los suburbios de Kherson.

El enemigo está saliendo de la Crimea ocupada, tratando de avanzar hacia Melitopol.

En el norte del país, el enemigo avanza lentamente en la región de Chernihiv, pero hay fuerzas para retenerla. En la región de Zhytomyr, se ha construido una defensa fiable. Se ha bloqueado a los paracaidistas enemigos en Hostomel, las tropas tienen orden de destruirlos.

Sí, nosotros, por desgracia, tenemos bajas, bajas de nuestros héroes. Sí, hemos capturado a soldados rusos. Nuestros médicos están ayudando a algunos de ellos - los que se han rendido. Muchos aviones rusos y muchos vehículos blindados fueron destruidos.

Sí, vemos que muchos rusos están conmocionados por lo que está sucediendo. Algunos rusos ya están diciendo en las redes sociales que están en contra de la guerra. Nosotros lo vemos. Pero es poco probable que los dirigentes de la Federación Rusa lo vean.

Así que, por favor.

Si nos oyen, si nos entienden, si comprenden que están atacando a un país independiente, por favor, salgan a las plazas y diríjanse al Presidente de su país.

Somos ucranianos. Estamos en nuestra tierra. Ustedes son rusos. Ahora su ejército ha comenzado una guerra. La guerra en nuestro estado. Me gustaría mucho que hablaran en la Plaza Roja o en algún otro lugar en las calles de su capital, en Moscú,

San Petersburgo y otras ciudades de Rusia. No sólo en Instagram - es muy importante.

¿Qué vemos en este momento? Para la comunidad mundial, Rusia se está convirtiendo en un análogo de la llamada RPDC - esto es una incomunicación total.

Estoy en contacto constante con los líderes de los países colaboradores y las organizaciones internacionales. Rusia ya ha empezado a recibir las primeras sanciones de un gran paquete de sanciones, el más potente de la historia mundial.

Nadie podrá convencernos ni obligarnos a nosotros, los ucranianos, a renunciar a nuestra libertad, a nuestra independencia, a nuestra soberanía. Pero parece que los dirigentes rusos intentan hacerlo al destruir su potencial. Todo lo que Rusia ha hecho desde el año 2000 puede ahora quemarse en directo ante [los ojos d]el mundo.

Subrayamos que Ucrania no eligió el camino de la guerra. Pero Ucrania ofrece volver a la paz.

¿Qué pueden hacer los ucranianos? Ayudar a la defensa nacional. Unirse en las filas de las Fuerzas Armadas de Ucrania y en las unidades de defensa territorial. Cualquier ciudadano con experiencia de combate será ahora útil. De ustedes y de todos nosotros depende que el enemigo pueda adentrarse más en el territorio de nuestro Estado independiente. Por favor, ayuden a la comunidad de voluntarios y al sistema sanitario, por ejemplo, donando sangre.

Políticos y líderes comunitarios: ayuden a la gente, garanticen la vida normal sobre el terreno en la medida de lo posible. Todo el mundo debe cuidar de sus seres queridos y atender a aquellos vecinos o conocidos que lo necesiten. El deber de los periodistas, un deber importante, es defender la democracia y la libertad en Ucrania.

Hoy he hablado con muchos líderes: el del Reino Unido, de Turquía, Francia, Alemania, la UE, Estados Unidos, Suecia, Rumanía, Polonia, Austria y otros. Si ustedes, queridos líderes europeos, queridos líderes mundiales, líderes del mundo libre, no nos ayudan hoy, entonces mañana la guerra llamará a su puerta.

¡Gloria a las Fuerzas Armadas de Ucrania!

¡Gloria a Ucrania!

Los secretos de su comunicación

La metáfora

"Es el sonido de un nuevo telón de acero"

La metáfora es una de los recursos de comunicación más poderosos que existen. En este caso Zelenskyy utiliza una metáfora que conecta de forma inmediata con la audiencia a la que dirige su discurso: Europa.

El poder de la metáfora es tan extraordinario que nos permite entender de forma inmediata cualquier concepto, idea o argumento, por complejo que resulte.

Este aterrizaje nos permite además construir una imagen mental en nuestro cerebro con todos los condicionantes emocionales que están ligados a la metáfora elegida. La metáfora se instalará de forma automática en el hemisferio derecho del cerebro, conectará con la emoción. Cualquier explicación del contenido más complejo del mundo se rinde al poder de una metáfora que toda tu audiencia recibirá como mensaje único.

Podríamos considerar a la metáfora como uno de los recursos más poderosos en la comunicación política y que también podemos exhibir en nuestras comunicaciones de empresa, de emprendimiento y en el mundo de los negocios para conseguir idénticos resultados en el campo de la comunicación sencilla

Todo el mundo entiende a la primera, y además significa para toda tu audiencia lo mismo cuando decimos "primavera árabe". La imagen que nos viene a la cabeza son las revueltas que se produjeron en diversos países del Norte de África y de Asia oriental a finales del año 2010.

Todos entendemos a la primera expresión como "brecha digital" o "la España vaciada".

Palabras clave

Una buena utilización de palabras clave, me permitiréis que no utilice el termino key words, es esencial en una comunicación para que nuestra audiencia las reciba con el peso que queremos compartirlas.

Y esta técnica será especialmente importante cuando es la primera vez que comunicamos con un interlocutor, un equipo, una audiencia.

En este primer análisis del Método Zelenski, el Presidente de Ucrania repite hasta en 6 ocasiones la palabra enemigo y en otras seis ocasiones la palabra guerra. Quiere dejar claro en este discurso que se trata de una guerra, no una invasión y que es el enemigo, no un vecino, un país o incluso Rusia.

Cómo aplicar las técnicas en tus presentaciones, en tus comunicaciones, en tus discursos

— Aterriza un concepto abstracto o complejo siempre que puedas utilizando una Metáfora

— Elige la metáfora que consideres puede tocar emocionalmente a la totalidad o al mayor número de personas en audiencia. Todas las metáforas no serán igual de valiosas

— Decide que 2 o 3 palabras en tu presentación te gustaría que se lleve tu público

— Repite las palabras de forma idéntica, y como sugerencia, no utilices sinónimos

25 de Febrero de 2022

Discurso del Presidente a los ucranianos al final del primer día de los ataques de Rusia

658 palabras

6 minutos 10 segundos

"Me he quedado en la capital,
me he quedado con mi gente"

¡Gloria a las Fuerzas Armadas de Ucrania!

¡Hombres y mujeres, nuestros defensores! Estáis defendiendo brillantemente el país de uno de los países más poderosos del mundo.

Hoy Rusia ha atacado todo el territorio de nuestro Estado. Y hoy nuestros defensores han hecho mucho. Han defendido casi todo el territorio de Ucrania, que ha sufrido golpes directos. Recuperan el que el enemigo consiguió ocupar. Por ejemplo, Hostomel cerca de Kyiv. Esto da más confianza a la capital.

Según los datos preliminares, por desgracia, hoy hemos perdido a 137 de nuestros héroes - nuestros ciudadanos. Diez de ellos son oficiales. Hay 316 heridos.

En nuestra isla Zmiinyi, defendiéndola hasta el final, todos los guardias fronterizos murieron heroicamente. Pero no se rindieron. A todos ellos se les otorgará el título de Héroe de Ucrania de forma póstuma.

Que el recuerdo de los que dieron su vida por Ucrania viva para siempre.

Doy las gracias a todos los que salvan a la gente en este momento y ayudan a mantener el orden en el Estado.

El enemigo no sólo golpea a las instalaciones militares, como dice, sino también a los civiles. Matan a la gente y convierten ciudades pacíficas en objetivos militares. Esto es vil y jamás será perdonado.

Sé que ahora se están diseminando muchas noticias falsas. Una en particular, es que supuestamente he abandonado Kyiv. Me he quedado en la capital, me he quedado con mi gente. Durante el día, he mantenido decenas de conversaciones internacionales, he gestionado directamente nuestro país. Y permaneceré en la capital. Mi familia también está en Ucrania. Mis hijos también están en Ucrania. Mi familia no es traidora. Son ciudadanos de Ucrania. Pero no tengo derecho a decir dónde están ahora.

Según nuestra información, el enemigo me ha marcado como el objetivo número uno. Mi familia es el objetivo número dos. Quieren destruir a Ucrania políticamente destruyendo al Jefe de Estado.

También tenemos información de que grupos de sabotaje enemigos han entrado en Kyiv. Por eso les pido encarecidamente a los kievitas: tengan cuidado, sigan las reglas del toque de queda. Permanezco en el barrio gubernamental junto con todos los que son necesarios para el trabajo del gobierno central.

Con independencia de cuántas conversaciones he mantenido con los líderes de diferentes países hoy, he escuchado algunas cosas. La primera es que nos apoyan. Y estoy agradecido a cada Estado que ayuda a Ucrania de forma concreta, no sólo de palabra.

Pero hay otra: nos quedamos solos en la defensa de nuestro Estado. ¿Quién está dispuesto a luchar con nosotros? Sinceramente, no lo veo. ¿Quién está dispuesto a garantizar la adhesión de Ucrania a la OTAN? Sinceramente, todos tienen miedo.

Hoy hemos oído de Moscú que todavía quieren hablar. Quieren hablar del estatus neutral de Ucrania.

Les digo a todos los socios de nuestro Estado: ahora es un momento importante: se está decidiendo el destino de nuestro país. Les pregunto: ¿están con nosotros? Me responden que están con nosotros. Pero no están dispuestos a llevarnos a la Alianza.

Hoy he preguntado a los veintisiete líderes de Europa si Ucrania estará en la OTAN. Les he preguntado directamente. Todos tienen miedo. No responden.

Y nosotros no tenemos miedo de nada. No tenemos miedo de defender nuestro estado. No tenemos miedo de Rusia. No tenemos miedo de hablar con Rusia. No tenemos miedo de decir todo sobre las garantías de seguridad para nuestro Estado. No tenemos miedo de hablar sobre el estatus de neutralidad. Ahora no estamos en la OTAN. Pero lo principal es: ¿qué garantías de seguridad tendremos? ¿Y qué países concretos las darán?

Tenemos que hablar del fin de esta invasión. Tenemos que hablar de un alto el fuego. Pero ahora el destino del país depende totalmente de nuestro ejército, de nuestros héroes, nuestras fuerzas de seguridad, de todos nuestros defensores. Y de nuestro pueblo, de su sabiduría y del gran apoyo de todos los amigos de nuestro país.

¡Gloria a Ucrania!

Los secretos de su comunicación

Ejemplaridad

Es posiblemente una de las cualidades que más y mejor define a una líder verdadera, a un líder verdadero. El ejemplo, unido a la coherencia permitirá que una legión de seguidores siga a la persona que da ejemplo por esa razón, porque da ejemplo. No es menos la cantidad de personas que en un proceso de desafección tremendo se alejan del líder al que seguían de forma devota en el mismo instante en que destila y presenta un momento de falta de ejemplaridad.

Volodímir Zelenski, desde el minuto uno, quiso dar muestras de ejemplaridad máxima para garantizar que sus palabras, su imagen y sus mensajes principales se asentaban en el ejemplo.

"Me he quedado en la capital, me he quedado con mi gente. Y me quedaré en la capital. Mi familia también está en Ucrania. Mis hijos también están en Ucrania. Mi familia no es traidora. Son ciudadanos de Ucrania".

Zelenski da ejemplo haciéndolo y además lo cuenta. Es necesario compartirlo para que lo escuche su audiencia, aquellos que le siguen y los que se preguntan por qué seguirle.

Si nos fijamos toca a toda su audiencia posible, a las personas, a su gente, al lugar, la capital, y al país Ucrania. Todos sus seguidores saben que se queda son ellos, en su ciudad y en su país.

Y además comparte de viva voz lo siguiente: " El enemigo me marcó como el objetivo número uno. Mi familia es el objetivo número dos. Quieren destruir políticamente a Ucrania destruyendo al Jefe de Estado".

El líder da ejemplo y además está en el punto de mira número uno del enemigo. Mi vulnerabilidad es un hecho y la comparto de viva voz. Es algo que siempre acercará a tu audiencia. Y además en ningún momento te quitará fortaleza. Pensando en los "followers" de un líder, claves como la humildad y la vulnerabilidad son vitales, siempre y cuando no sean una puesta en escena sin sentido profundo de realidad y veracidad.

Transparencia

Preferimos a los líderes visibles, transparentes y empáticos. En este caso nos fijamos en la transparencia. Cuando entendemos que nuestro líder actúa, se comporta y comunica con transparencia, lo sentimos más creíble, más cercano.

Esto sucede cuando en este discurso fotografía las conversaciones, preguntas, reflexiones que ha tenido entre otros con los líderes de Europa.

"Hoy he preguntado a los veintisiete líderes de Europa si Ucrania estará en la OTAN. Les he preguntado directamente. Todos tienen miedo. No responden".

Es aquí donde pronuncia la palabra miedo que le servirá para construir la gran idea principal de este discurso.

Idea principal

Toda comunicación, presentación, discurso, debe tener una gran idea principal, y en el caso de Zelenski forma parte de su estilo de comunicación. La idea principal es una de las claves fundamentales que desarrollé en el Método Presentac10n y que en parte publiqué en Habla Como Un líder. No hay comunicación efectiva que pueda prescindir de una gran idea principal.

La idea principal de Zelenski se resume en un "No tenemos miedo". Y digo se resume porque es así como debe quedar en la audiencia. Una idea principal, una frase breve que quede en le mente de todos los que escuchan. En este caso Zelenski la comparte en su discurso de la siguiente manera: "Y nosotros no tenemos miedo de nada. No tenemos miedo de defender nuestro estado. No tenemos miedo de Rusia. No tenemos miedo de hablar con Rusia. No tenemos miedo de decir todo sobre las garantías de seguridad para nuestro Estado. No tenemos miedo de hablar sobre el estatus de neutralidad".

Zelenski utiliza una anáfora para compartir la idea principal. Repite varias veces la frase "No tenemos miedo" para después añadir diferentes argumentos. La anáfora ayuda desde el punto de vista cognitivo a la audiencia. Repetición es retención en el arte de la expresión oral.

Esta es una de las técnicas más utilizadas en la comunicación de Robert F. Kennedy. Una de sus figuras preferidas para fortalecer mensajes en su estilo de comunicación era la utilización de la anáfora.

En este caso Zelenski suma a su audiencia en el mensaje con esa primera persona del plural.

Cómo aplicar las técnicas en tus presentaciones, en tus comunicaciones, en tus discursos

— Ya sabemos que al Líder le seguimos porque queremos. Siempre que tengas opción en un puesto donde quieres ejercer un liderazgo basado en el ejemplo actúa. Sí, actúa. No comuniques sólo cuando comiences a abrir la boca. Despliega las acciones que permitan dar ejemplo y coherencia a los mensajes que quieres compartir. La ejemplaridad marcará la diferencia.

— Házselo saber. Explica cuando corresponda por qué haces lo qué haces. Por qué les entiendes, a tu equipo, a tus clientes. Por qué estás con ellos. Hago lo que hago para dar ejemplo y lo comparto.

— Humildad. Todos los comportamientos humildes fortalecerán tu liderazgo. Unido a la vulnerabilidad del líder. No está para nada reñido con la fortaleza. No hace mucho tiempo no considerábamos estos dos pilares de un liderazgo sostenible en el tiempo. Ahora sabemos que son importantísimos desde el punto de vista de la percepción que los demás tienen de nosotros

- Si es necesario y ayuda a tu credibilidad comparte cómo va esa negociación, dónde está el escollo para no llegar a tiempo y lanzar ese producto cuando tocaba. La transparencia te hará crecer
- De todo lo que quieras compartir garantiza que hay una idea principal y que se la lleve tu audiencia.
- Sabemos que la repetición es retención y que la anáfora es oro puro. Repite la palabra clave o la idea principal antes de varios argumentos, de varios mensajes. Estos fortalecerán esa idea, esas palabras de forma única y quedarán en la mente de tu audiencia. Y si procede, súmalos a tu causa utilizando la primera persona del plural. No es lo mismo decir "Se gana" que "Ganamos".

8 de Marzo de 2022

Discurso del Presidente de Ucrania ante el Parlamento del Reino Unido

1025 palabras

12 minutos

"Lucharemos en los bosques,
en los campos, en las playas"

¡Sr. Presidente del Parlamento! ¡Señor Primer Ministro! Miembros del gobierno, del parlamento, lores.

¡Señoras y señores!

Me dirijo a todo el pueblo del Reino Unido. A todo el pueblo de Gran Bretaña. Un gran pueblo. Con una gran historia. Me dirijo a ustedes como ciudadano, como Presidente de un gran país también. Con un gran sueño. Y una gran lucha. Quiero hablarles de nuestros 13 días. Trece días de guerra feroz, que ni empezamos ni queríamos. Pero la estamos librando.

Porque no queremos perder lo que tenemos, lo que es nuestro: Ucrania. Al igual que ustedes no querían perder su isla cuando los nazis se preparaban para iniciar la batalla por su gran potencia, la batalla por Gran Bretaña.

Trece días de nuestra defensa.

El primer día, a las 4 de la mañana, nos dispararon misiles de crucero. Así que todo el mundo se despertó - nosotros, los niños, todos nosotros, la gente viva, toda Ucrania. Y no hemos dormido desde entonces. Todos tomamos las armas convirtiéndonos en un gran ejército.

Al día siguiente repelamos los ataques en el aire, en la tierra y en el mar. Y nuestros heroicos guardias fronterizos de la isla de Zmiinyi, en el Mar Negro, informaron a todo el mundo del final de la guerra. A saber: a dónde irá el enemigo al final. Cuando un barco ruso exigió a los nuestros que depusieran las armas, ellos le respondieron... Con la firmeza que no se puede decir en el parlamento. Y sentimos el poder. El gran poder de nuestro pueblo que perseguirá al invasor hasta el final.

Al tercer día, las tropas rusas dispararon abiertamente contra la gente y los edificios de apartamentos sin esconderse. Usaron artillería, bombas aéreas. Y finalmente nos mostró, mostró al mundo quién es quién. Quiénes son grandes personas y quiénes son sólo salvajes.

Al cuarto día, cuando ya empezamos a tomar decenas de prisioneros, no perdimos la dignidad. No abusamos de ellos. Los tratamos como personas. Porque seguimos siendo humanos en el cuarto día de esta vergonzosa guerra.

En el quinto día, el terror contra nosotros ya se ha convertido en absoluto. Contra las ciudades, contra los pueblos pequeños. Barrios destrozados.

Discurso de Zelenski. Reino Unido

Bombas, bombas, bombas, de nuevo bombas sobre casas, sobre escuelas, sobre hospitales. Esto es un genocidio. Que no nos ha quebrado. Nos movilizó a todos y cada uno de nosotros. Y nos dio una sensación de gran verdad.

En el sexto día, los misiles rusos golpearon Babyn Yar. Este es el lugar donde los nazis ejecutaron a 100,000 personas durante la Segunda Guerra Mundial. Ochenta años después, Rusia las ha matado por segunda vez.

Al séptimo día, nos dimos cuenta de que asolaban hasta las iglesias. Usando bombas. De nuevo cohetes. No conocen lo sagrado y lo grande como nosotros.

En el octavo día, el mundo vio a los tanques rusos disparando a una central nuclear. La más grande de Europa. Y el mundo comenzó a entender que esto es terror contra todos. Esto es un gran terror.

El noveno día, escuchamos una reunión de los países de la OTAN. Sin el resultado deseado para nosotros. Sin coraje. Así es como nosotros nos sentimos -no quiero ofender a nadie- sentimos que las alianzas no funcionan. Ni siquiera pueden cerrar el cielo. Por eso las garantías de seguridad en Europa deben construirse desde cero.

El décimo día, los ucranianos desarmados protestaron por todas partes en las ciudades ocupadas. Deteniendo vehículos blindados con las manos desnudas. Nos hemos vuelto inquebrantables.

El undécimo día, cuando las zonas residenciales ya estaban bombardeadas, cuando todo estaba devastado por las explosiones, cuando los niños fueron evacuados de un hospital oncológico infantil dañado... Nos dimos cuenta: Los ucranianos se convirtieron en héroes. Cientos de miles de personas. Ciudades enteras. Niños, adultos... todos.

En el duodécimo día, cuando las bajas del ejército ruso ya han superado los 10,000 muertos, el general también apareció entre esta cifra. Y esto nos dio confianza: de todos los crímenes, de todas las órdenes infames todavía habrá responsabilidad ante el Tribunal Internacional o las armas ucranianas.

El decimotercer día, un niño murió en la Mariupol ocupada por los rusos. Murió de deshidratación. No permiten comida ni agua a la gente. Simplemente la bloquean, y la gente está en los sótanos. Creo que todo el mundo oye: ¡la gente no tiene agua allí!

En los 13 días de la invasión rusa, 50 niños fueron asesinados. Cincuenta grandes mártires. ¡Esto es espantoso! Esto es el vacío. En lugar de 50 universos que podrían vivir, se los llevaron. Simplemente se los llevaron.

¡Gran Bretaña!

Ucrania no buscó eso. No buscó la grandeza. Pero se hizo grande durante estos días de esta guerra.

Ucrania que salva a la gente a pesar del terror de los invasores. Defiende la libertad a pesar de los golpes de uno de los mayores ejércitos del mundo. Defiende a pesar del cielo abierto. Todavía abierto a los misiles, aviones y helicópteros rusos. "¿Ser o no ser?" - Ustedes conocen bien esta pregunta de Shakespeare.

Hace 13 días, esta pregunta aún podía plantearse sobre Ucrania. Pero ahora no. Obviamente, ser. Obviamente, ser libre. Y si no es aquí, ¿dónde debo recordarles las palabras que Gran Bretaña ya ha escuchado? Y que vuelven a ser pertinentes.

¡No nos rendiremos y no perderemos!

Recorreremos todo el camino.

Lucharemos en los mares, lucharemos en el aire, defenderemos nuestra tierra, cueste lo que cueste.

Lucharemos en los bosques, en los campos, en las playas, en las ciudades y pueblos, en las calles, lucharemos en las colinas... Y quiero añadir: ¡lucharemos en las escombreras, en las orillas del Kalmius y del Dniéper! ¡Y no nos rendiremos!

Por supuesto, con su ayuda, con la ayuda de la civilización de los grandes países. Con su apoyo, que agradecemos y en el que confiamos. ¡Y le estoy especialmente agradecido, Boris, amigo mío!

Endurezcan las sanciones contra el estado terrorista. Reconózcalo definitivamente como un estado terrorista. Encuentren la manera de hacer que nuestro cielo ucraniano sea seguro. Hagan lo que puedan. Hagan lo que tengan que hacer.

Hagan lo que la grandeza de su estado y de su pueblo les obligue a hacer.

¡Gloria a la gran Ucrania!

Gloria a Gran Bretaña.

Los secretos de su comunicación

Lo que nos une

Es desde mi punto de vista una de las técnicas más poderosas que podemos utilizar en el lenguaje del liderazgo. Toda aquella persona que busca inspirar, motivar, convencer a una audiencia debería utilizarlo en sus comunicaciones. ¿Y cuándo utilizarlo? De forma especial cuando las personas a las que te diriges tienen dudas sobre todo aquello que les estás contando, o directamente no están convencidas o incluso muestran antes del inicio de tu comunicación una oposición feroz a aquello sobre lo que se les va a hablar. Este es el caso de Zelenski. Seguro que muchos de nosotros nos hemos visto en situaciones de comunicación donde nuestro interlocutor, nuestro público, nuestra audiencia siente lo que estamos contando como lejano, no le toca, no le llega. Esta es la barrera que tenemos que saltar.

Y ahí es donde la técnica, bien utilizada por Zelenski obra la magia. Zelenski hace todo el esfuerzo para acercar emocionalmente a su audiencia lo que está sucediendo en Ucrania.

Y lo consigue, entre otras cosas, utilizando la frase clave. Esa frase que conectará a todos los presentes con sus emociones, sentimientos, recuerdos, imágenes y sentido de pertenencia más profundo.

Winston Churchill pronunció esta ya frase mítica el 4 de Junio de 1940: "Lucharemos en las playas, lucharemos en las pistas de aterrizaje, lucharemos en los campos y en las calles, lucharemos en las colinas, ¡Nunca nos rendiremos!.

Zelenski pronunció esta otra: "Lucharemos en los mares, lucharemos en el aire, defenderemos nuestra tierra, cueste lo que cueste.

Lucharemos en los bosques, en los campos, en las playas, en las ciudades y pueblos, en las calles, lucharemos en las colinas... Y quiero añadir: ¡Lucharemos en las escombreras, en las orillas del Kalmius y del Dniéper! ¡Y no nos rendiremos!

Desde ese momento el orador, el comunicador no está hablando de su problema. Ha conectado con la audiencia porque los asistentes están conectados también con su historia. Redobla el poder de persuasión.

Por cierto, que en el discurso anterior hablábamos del poder de la anáfora. En esta ocasión, donde Zelenski utiliza las palabras del primer ministro británico en tiempos de la Segunda Guerra Mundial, vemos como Churchill siguió al pie de la letra la técnica: "Lucharemos, lucharemos, lucharemos". ¿Alguien en la sala o tú, querido lector, que estás leyendo estas líneas tiene alguna duda de que lucharemos?

Lo que nos une

Un ejemplo de comunicación único

Robert F.Kennedy tras la

muerte de Martin Luther King J.R

En una comunicación donde tu audiencia es hostil de entrada se multiplica el factor éxito de la utilización de este recurso. El para mi mejor ejemplo de la historia lo protagonizó Robert F.Kennedy tras el asesinato de Martin Luther King J.R.

¿Qué habrías hecho tú en esa situación?

El entonces candidato demócrata por la presidencia de los Estados Unidos aterrizó en Indianápolis dispuesto a hacer campaña electoral. En ese momento se enteró de la muerte de otro líder, de Martin Luther King Jr. El 4 de Abril de 1968 el padre de los derechos civiles de EEUU fue asesinado de un disparo en el cuello mientras pronunciaba un discurso.

Y desde ese momento otro discurso comenzaba a nacer en el corazón y la cabeza de Robert F.Kennedy.

Un discurso que planteaba en el horizonte un objetivo diáfano, frenar en la medida de lo posible las revueltas en el país cuando se conociese el asesinato de la voz del "I have a Dream", "Yo tengo un Sueño"

Bobby Kennedy habló en la trasera de un camión y prácticamente sin seguridad para dar la noticia a la comunidad afroamericana. Aunque le habían preparado algunas notas, Bobby Kennedy quiso que su mensaje saliera del corazón para conectar con su Público.

Cogió las notas en su mano, pero no miró el papel ni un sólo instante. En todo momento mantuvo el contacto visual con las personas a las que quería transmitir confianza y con quienes necesitaba generar empatía.

Es entonces cuando Robert F.Kennedy pronunció la frase que presenta de una forma única la esencia de la técnica lo que nos une:

"Para aquellos de ustedes que son negros y están tentados a sentirse llenos de odio y desconfianza ante la injusticia de tal acto, contra todos los blancos, solo puedo decir que siento en mi corazón el mismo tipo de sentimiento. Tuve un miembro de mi familia asesinado y fue asesinado por un hombre blanco".

Esas palabras evitaron un brote de violencia en la ciudad en la que fue pronunciado ese discurso, en Indianapolis. Kennedy utilizó notas manuscritas por él durante el vuelo camino de

Indiana. Era la primera vez que hablaba en público del asesinato de su hermano John F.Kennedy.

Logró conectar con una audiencia con una mayoría negra.

Lo logró por muchas razones. Para mí el recurso que marca la diferencia es la técnica "lo que os une". Desde mi punto de vista tenemos delante uno de los mejores ejemplos de comunicación de crisis, único en la historia de EEUU en esos momentos. Kennedy compartió una historia, la suya, la que más y mejor podía conectar emocionalmente con una audiencia enfurecida y dispuesta a todo. Utilizó con una maestría única algo más que una técnica, Lo que nos une, emocionalmente de forma poderosa.

50 años después en Indianápolis se levanta un monumento, la escultura Landmark for Peace. El monumento, creado en bronce, presenta a King y Kennedy acercándose. Una escultura que refleja el poder de un liderazgo inspirado después de una comunicación única en un momento de crisis extraordinario.

Como Director del Leadership & Communication Program: Inspiring Leaders, presentado por la RFK Human Rights España y después de años de investigación en el liderazgo, poder personal y comunicación de Robert F.Kennedy, es para mí inevitable hacer referencia a algunas de sus claves que espero os inspiren en un Liderazgo Verdadero.

Como hemos visto, y quizá aparezca de nuevo, Zelenski es un maestro en la búsqueda de lo que nos une. Una táctica de liderazgo carismático que es capaz de acercar las posturas más enfrentadas en cualquier escenario de comunicación en el que podamos vernos.

He de reconocer que en algunos casos veo recursos en la comunicación de Zelenski que me recuerdan a algunas de Robert F.Kennedy, de Churchill, de

Obama, o de Jacinda Ardern, la primera ministra de Nueva Zelanda, entre otros. Esas que buscan conectar desde la emoción. Cómo liderar desde la emoción.

Historia cronológica

Otro de los recursos que funciona y que Zelenski elige para este discurso es la del arte de contar historias. Un Storytelling donde se decanta por el tiempo, por el detalle cronológico de lo sucedido día a día en los entonces 13 días de guerra feroz.

Es un guión muy fácil de seguir donde el comunicador comparte el paso a paso, el día a día, en un "in crescendo" donde fotografía en cada escala lo que considera puede dotar de mayor impacto a su discurso.

Este es uno de los poderes de contar una historia, en este caso la de 13 días de guerra. Cada día pasan cosas, y cada día te fotografío, te muestro, construyo la imagen en tu cabeza del terror de lo vivido.

Y debo hacer todo lo posible para que sea así, pensaría Zelenski, porque lo estamos viviendo nosotros y tenemos que hacer lo posible para que lo vivan con nosotros mientras lo escuchan.

Historia cronológica

Y sus protagonistas

Y en todo relato, en este caso se trata de un relato cronológico, es fundamental poner el foco en los protagonistas. Para sumar en ese impacto Zelenski decide poner la mirada en los niños.

Día 1. "El primer día, a las 4 de la mañana, nos dispararon misiles de crucero. Así que todo el mundo se despertó - nosotros, los niños, todos nosotros, la gente viva, toda Ucrania".

Día 5. "En el quinto día, el terror contra nosotros ya se ha convertido en absoluto. Contra las ciudades, contra los pueblos pequeños. Barrios arruinados. Bombas, bombas, bombas, de nuevo bombas sobre casas, sobre escuelas, sobre hospitales".

Día 11. "El undécimo día, los niños fueron evacuados de un hospital oncológico infantil dañado ..."

Día 13. "El decimotercer día, un niño murió en la Mariupol ocupada por los rusos".

Después de 13 días. "En 13 días de la invasión rusa, 50 niños fueron asesinados. Cincuenta grandes mártires. ¡Esto es espantoso! Esto es el vacío. En lugar de cincuenta universos que podrían vivir, se los llevaron. Simplemente se los llevaron".

Como vemos en este recorrido por los días, son varias las ocasiones en las que el Presidente de Ucrania decide fotografiar la barbarie mostrando el dolor de los más pequeños, los niños. Desde el primer día cuando se despertaron los niños por el ruido de las bombas hasta después del día 13 donde 50 niños fueron asesinados.

Cómo aplicar las técnicas en tus presentaciones, en tus comunicaciones, en tus discursos

— En momentos de duda, desacuerdo u oposición total en tu audiencia encuentra "lo que nos une", en lugar de lo que nos divide. Toca la fibra en lo emocional con aquello de conecta con tu interlocutor, con tu público de tal manera que sientan como tú. Que te entiendan de forma única.

— Si cuentas con una experiencia personal, historia propia que fortalezca ese "lo que nos une" no dudes en utilizarla. Te acercará como orador siempre a tu audiencia. Y seguro que en más de una ocasión de mostrará vulnerable.

— Sumérgete en el arte de contar historias. Fotografía lo sucedido en detalle. Pon nombres, apellidos, rostros, miradas. Personaliza la historia con los protagonistas de la misma. En ese momento estás conectando tu historia con tus interlocutores para que la hagan suya. Crea imágenes en la mente de tu Audiencia.

— Guiño a tu auditorio: ¿Qué símbolos, frases, momentos especiales, personas, han marcado a esa empresa, organización, público? Encuentra aquello que puedas emparentar con su historia. Desde ese momento no estarán escuchando sólo tu relato. Estarán escuchando tus palabras y vinculándolo con algo que toca a lo más emocional de su vivencia más profunda.

— Personaliza tu discurso. Piensa en tu audiencia. Quiénes son, de dónde, qué les mueve, por qué se interesan, que fue relevante en su pasado. Importante la referencia a aquello que conmueva, que cautive. En nuestra comunicación también habrá información. Ahora nos estamos fijando en cómo tocar el cerebro de la emoción y la comunicación memorable. Dos veces comunicación.

15 Marzo de 2022

Discurso del Presidente de Ucrania
Volodímir Zelenski en el Parlamento de Canadá

1352 palabras

13 minutos

"Justin, Imagina que las oyes.
Y que tus hijos las oyen"
(En referencia a las explosiones)

¡Estimados oradores!

¡Señor Primer Ministro! ¡Querido Justin!

¡Miembros del gobierno y del parlamento!

¡Estimados asistentes, queridos amigos!

Antes de empezar, quiero que entiendan mis sentimientos, los sentimientos de los ucranianos. En la medida que sea posible. Los sentimientos durante estos 20 días. Veinte días de invasión a gran escala de la Federación Rusa tras ocho años de guerra en Donbas.

Imagínense... Imaginen que a las cuatro de la madrugada cada uno de ustedes oyen explosiones. Explosiones terribles. Justin, imagine que las oyes tú. Y que sus hijos las oyen. Escuchan los ataques de misiles en el aeropuerto de Ottawa. En docenas de otros lugares a lo largo de su hermoso país, Canadá. Misiles de crucero. Incluso antes del alba. Y tus hijos le abrazan y le preguntan: "¿Qué ha pasado, Papá?" Y ya recibes los primeros informes sobre qué instalaciones de su país han sido destruidas por misiles de la Federación Rusa. Y sabes cuántas personas han muerto ya y dónde.

Imaginen que busquen las palabras para explicar esto a los niños. Explicarles que ha comenzado una guerra a gran escala.

La guerra tiene como objetivo la destrucción de su estado, la conquista de su pueblo. Y ustedes lo saben.

El segundo día - y usted recibe un mensaje sobre las columnas de vehículos blindados. Miles, miles llegando a su tierra. Primero - las ciudades pequeñas, luego las más grandes. Quieren bloquearlas todas. Y lo hacen.

Se acercan a Edmonton - imagínense - y disparan artillería. Disparan a las zonas residenciales, a la gente. Arden los colegios, vuelan jardines de infancia. Al igual que en nuestras ciudades - en Sumy, en nuestra Okhtyrka. Bloquean Vancouver y asedian a cientos de miles de personas que permanecen en la ciudad. Al igual que en nuestra Mariupol. Por segunda semana bajo el fuego, totalmente sin luz, casi sin comida, definitivamente sin agua. En los sótanos.

¡Justin! ¡Estimados asistentes! ¡Caballeros!

Imagínense escuchar el informe sobre los muertos todos los días. Sí, usted es el presidente o el jefe de gobierno, pero sólo oye hablar de ello, de los niños muertos. Y el número de muertos crece. Noventa y siete niños fueron asesinados hasta esta mañana.

La famosa Torre CN en Toronto... ¿Cuántos misiles rusos serán suficientes para destruirla? Créanme, no les deseo esto a todos ustedes...

...pero cada día pronosticamos cuántos misiles más pueden golpear nuestras torres de TV. Y las golpean.

Nuestra Plaza de la Libertad en Kharkiv y su Plaza Churchill en Edmonton. Imaginen que los misiles rusos golpean su corazón.

Nuestro Babyn Yar es el lugar de sepultura de las víctimas del Holocausto... Los rusos no se detuvieron antes de bombardear incluso esta tierra. ¿Y qué hay del Monumento Nacional al Holocausto en Ottawa? ¿Resistirá el impacto de tres o cinco misiles? Nos pasó a nosotros. Bombas aéreas. Hace un minuto había gente viva. Había una familia que acaba de llegar allí. Estaban vivos. Y ahora... Ustedes entienden.

Y luego una noche terrible... cada uno de estos 20, cuando los militares rusos disparan desde tanques a las urbanizaciones.

Desde los tanques - en la central nuclear de Zaporizhzhia. Orientación directa. Cuando el fuego comenzó allí. ¿Se pueden imaginar que eso ocurriera en su estación de Bruce, en Ontario?

¿Y qué sentirían si vieran cómo se retira su bandera en cada ciudad por la que pasan?, en Montreal... Retirándola para tirarla y sustituirla por una bandera rusa.

Sé que apoyas a Ucrania, de manera sincera, efectiva. Somos amigos de Justin. Pero quiero que me entiendan, y que lo sientan.

Sienten lo que sentimos. Sienten cómo queremos vivir. Y cómo queremos ganar. Ganar para vivir.

Quiero que sientan lo que se siente cuando llama a sus amigos y dice: cierren el cielo, detengan el bombardeo. No importa el cómo, simplemente háganlo. Detengan los bombardeos. ¿Cuántos misiles más deben caer sobre nuestras ciudades?

Y en respuesta escuchan que alguien no quiere hacerlo... ¡Pero están muy preocupados!

Entonces dennos aviones, les decimos a nuestros socios.

Ellos responden: Pronto. Tengan un poco de paciencia. Todos están profundamente preocupados. Simplemente no quieren. Y alguien está buscando razones. Lo principal es el resultado.

Hablan de escalada. ¿Cómo puede empeorar? Dicen que Ucrania no está en la OTAN ahora. Aunque "la puerta está abierta". Pero para quién son estas puertas y a dónde conducen, si nos dicen que no seremos admitidos.

La guerra siempre muestra todo de lo que la gente es capaz de hacer. Quién es fuerte. Y quién es débil. Quién es sabio. Quién no ve lo evidente. Quién es honesto y quién es hipócrita.

Y nosotros lo vimos todo. Y entendimos todo esto. En 20 días y ocho años. Estoy seguro de que lo han visto todo.

¡Estimados oradores!

¡Señor Primer Ministro!

Miembros del gobierno. ¡Miembros del parlamento!

¡Queridos amigos!

Canadá siempre ha sido, es y, estoy seguro, será un socio fiable en Ucrania. Socio de nuestra tierra, de nuestro pueblo de Ucrania, de cada una de nuestras familias.

Acudieron en nuestra ayuda en cuanto se lo hemos pedido. Nos están dando las armas y otras ayudas que tan desesperadamente necesitamos ahora. Han impuesto sanciones contra Rusia, realmente morales. Realmente sustanciales. No obstante, vemos que la guerra, por desgracia, continúa. Que las tropas rusas no abandonan nuestro territorio. Vemos que nuestras ciudades: Kharkiv, Mariupol no están tan protegidas como sus Edmonton y Vancouver. Que Kyiv está bajo bombardeos de misiles. Como Chernihiv, Zhytomyr, Ivano-Frankivsk y docenas, docenas de nuestras ciudades ucranianas que ayer estaban tranquilas y en paz.

Eso quiere decir que queda mucho por hacer. Mucho más. Por la paz. Todos tenemos que hacer más por detener a Rusia. Por proteger a Ucrania y proteger a Europa de este mal absoluto que todo lo destruye: monumentos, iglesias, escuelas, hospitales, barrios y todos nuestros negocios.

¡Ya han asesinado a 97 niños ucranianos!

No pedimos mucho. Pedimos justicia. Pedimos un apoyo real que nos ayude a aguantar y defender nuestra vida. La vida de todo el mundo.

Canadá ya está mostrando el liderazgo necesario. Ya es el primero en hacer lo que otros países llegan a hacer después. Pero necesitamos más liderazgo, y les rogamos mayor participación.

¡Justin! ¡Todos los amigos de nuestro país Ucrania! ¡Todos los amigos de la verdad!

Ustedes comprenden lo importante que es para nosotros proteger nuestros cielos de los misiles y aviones rusos. Ustedes pueden influir en esto. A mí me lo parece.

Podéis obligar a más empresas a abandonar el mercado ruso. Para que no haya un solo dólar para la guerra. Si se quedan en Rusia y financian la guerra, no podrán trabajar en Canadá. Que así sea - y nos dará la paz.

Ustedes saben, quizás mejor que muchos en el mundo, que este ataque de Rusia es un intento de destruirnos, de destruir al pueblo ucraniano. Nada más. Este es su principal objetivo.

Esta es una guerra contra el pueblo. Contra nuestro pueblo. Esta es una guerra para destruir todo lo que hace que los ucranianos seamos ucranianos. Contra nuestro futuro. Contra nuestro carácter. Contra nuestra voluntad. Todo lo que ustedes, los canadienses, conocen muy bien, sienten mucho.

Así que les pido: no se detengan. No dejen de ayudar a Ucrania. No se detengan en su liderazgo y en los empeños para restaurar la paz a nuestra pacífica tierra.

Creo, sé que pueden con ello. Sé que, con Canadá, nuestra coalición antiguerra, que estamos reforzando, sin duda, dará fruto.

Quiero dirigirme a nuestra diáspora ucraniana, a todos los ucranianos en Canadá.

Es en este momento histórico cuando necesitamos vuestra ayuda eficaz. Y debéis demostrar con vuestros pasos que formáis parte de la historia de Ucrania, de la historia viva de Ucrania.

Recordad esto: viva. Porque queremos vivir. Y luchamos por la paz.

Les agradezco su apoyo. Doy las gracias a todos los presentes en esta sala del parlamento. A todos los ciudadanos de Canadá. Le estoy agradecido, Justin. Agradecido en nombre de toda la nación ucraniana.

Estoy seguro de que juntos -y sólo juntos- derrotaremos a todos los enemigos.

¡Gloria a Ucrania!

¡Gracias a Canadá!

Los secretos de su comunicación

Imagina

En este Speech Zelenski utiliza todo el poder de una palabra clave y de una técnica de identificación y visualización muy poderosa. El objetivo del Presidente de Ucrania es que su Audiencia se identifique con el mensaje y que lo vea, que lo visualice en su mente, que lo sienta como propio.

El poder de crear imágenes en la mente de las personas es una herramienta muy valiosa para aquel comunicador que desea influir en la percepción del hecho que se está compartiendo en una presentación, discurso o comunicación.

Toda aquella imagen que visualizo en mi mente aporta mucha más credibilidad al contenido que me está siendo compartido. Las imágenes en la mente se convierten en realidad en el durante del discurso.

Imagina

Interacción directa

Zelenski también suma una interacción directa en la poderosa utilización de la palabra "imagina" cuando se dirige al primer ministro por su nombre "Justin, imagina que lo oyes tú".

En ese instante el cerebro de Justin Trudeau tiene la imagen y el sonido de la explosión, un impacto emocional propiciado por esta fórmula de conexión con seres humanos. Las personas no nos podemos despegar de las emociones.

Y no sólo toca a Justin, sino que también le pide a su cerebro que se imagine a sus hijos escuchando el sonido de las explosiones. "Y que tus hijos los oyen".

En ese momento la imagen es completa y además está sucediendo en Ottawa.

"Justin, imagina que lo oyes tú. Y que tus hijos lo oyen. Escuchan los ataques de misiles en el aeropuerto de Ottawa".

Visualización

Uno de los grandes objetivos de los comunicadores es compartir su sentimiento, su dolor, su alegría, su pasión por un argumento y que termine siendo el destinatario del mensaje en que viva internamente ese sentimiento, ese dolor, esa alegría, esa pasión.

Mientras está instalado en esa sensación interna tan poderosa gracias a la visualización, los mensajes multiplican su valor porque están dirigidos de forma directa al inconsciente. El poder de la palabra imagina, de la visualización y de la identificación con el mensaje obran el milagro de la sincronía entre los cerebros. Sienten lo mismo al mismo tiempo.

"¿Te imaginas que eso ocurriera en tu estación de Bruce, en Ontario?" En esta ocasión Zelenski opta por incluir la palabra "imagina" en una pregunta. Sigue mantiendo el recurso clave utilizado en este discurso ante el Parlamento de Canadá. En este caso, siendo porque lo es un buen recurso, pierde algo de efectividad discursiva. Cuando te sugieren de forma directa imaginar algo se presenta en tu mente. Si te lo preguntan puedes decidir si se instala en tu mente o prefieres no verlo, en definitiva, no imaginarlo.

Recordemos que el poder de la visualización consiste en eso, en que nuestra audiencia lo vea, que lo vea en su mente y lo viva. Y genere la emoción que está viviendo el orador y que es trasladada a su público. Cuando eso se consigue se produce la sincronía con los cerebros de todos los presentes. Ese es un momento único desde la perspectiva de una conexión total comunicador-audiencia.

El ejemplo

Es un recurso sencillo, fácil de preparar y efectivo. Además de imaginarme lo que me pones en suerte con esa palabra de entrada es momento de ir a ejemplos concretos con nombres y apellidos.

Siempre estará más lejos de entender tus necesidades, tus anhelos o tus preocupaciones si no son mis necesidades, mis anhelos, mis preocupaciones. Y por esta razón Zelenski enumera algunos ejemplos para acercar el drama de Ucrania en un viaje discursivo a Canadá. Miles de kilómetros de distancia les separan. En un discurso de 12 minutos y en este caso son tres ejemplos los que tienen como objetivo acercar tu historia, tu mensaje.

1. "Al igual que en nuestras ciudades - en Sumy, en nuestra Okhtyrka. Bloquean Vancouver y asedian a cientos de miles de personas que permanecen en la ciudad. Como en nuestra Mariupol".
2. "Nuestra Plaza de la Libertad en Kharkiv y su Plaza Churchill en Edmonton. Imaginen que los misiles rusos golpean su corazón".
3. "¿Y qué hay del Monumento Nacional al Holocausto en Ottawa? ¿Resistirá el impacto de tres o cinco misiles? Nos pasó a nosotros".

Cómo aplicar las técnicas en tus presentaciones, en tus comunicaciones, en tus discursos

— Que tu cliente visualice tu proyecto en imágenes. Que su cerebro viva de forma emocional todo aquello que le estás contando. Que se lo imagine. El cerebro no distingue entre lo imaginado y lo real. Gracias a la visualización nuestra corteza prefrontal del cerebro da veracidad, da categoría de "está pasando" a aquello que no ve con sus ojos.

— Introduce la frase con el poderoso "imagina". Es entonces cuando el cerebro entre en acción. La credibilidad de lo que yo veo en mi cerebro es muy superior a lo que escucho desde fuera, a lo que me cuentan desde el exterior.

— Crea la imagen más poderosa posible, la que tenga el detalle más certero y toque lo más posible a la emoción específica que quieras despertar en el interior de tu audiencia.

— Utiliza con moderación la palabra imagina en la introducción a diferentes frases. Aunque no hay una regla escrita en una comunicación de 10 minutos te sugiero no emplearla en más de 3 ocasiones
— Valora si incluir la palabra "Imagina" en una pregunta. Siempre será más poderosa la invitación a imaginar y ver un proyecto, un producto, un suceso concreto a una audiencia que preguntarle si quiere verlo, si lo quiere imaginar.

16 de Marzo de 2022

Discurso del Presidente de Ucrania, Volodímir Zelenski, ante el Congreso de Estados Unidos

1530 palabras

18 minutos

"Recuerden Pearl Harbor.
Recuerden el 11 de Septiembre"

Sra. Presidenta,

Miembros del Congreso,

Señoras y caballeros,

¡Americanos! ¡Amigos!

Me enorgullece saludarles desde Ucrania, desde nuestra capital, Kyiv. Desde una ciudad que está bajo los ataques aéreos y de misiles de las tropas rusas. Diariamente. Pero no se rinde. Y no ha pensado en rendirse ni un solo minuto. Al igual que decenas de otras ciudades y comunidades de nuestro país, que se encuentran en la peor guerra desde la Segunda Guerra Mundial.

Tengo el honor de saludarles en nombre del pueblo ucraniano, pueblo valiente y amante de la libertad. Desde hace ocho años resisten la agresión de la Federación Rusa. Sacrifican a sus mejores hijos e hijas para detener la invasión rusa a gran escala.

Ahora se está decidiendo el destino de nuestro Estado. El destino de nuestro pueblo. Se está decidiendo si los ucranianos seremos libres. Si preservaremos nuestra democracia.

Rusia ha atacado algo más que nuestra tierra y nuestras ciudades. Ha emprendido una ofensiva brutal contra nuestros valores. Valores humanos fundamentales. Lanzó tanques y aviones contra nuestra libertad.

Contra nuestro derecho a vivir libremente en nuestro país, eligiendo nuestro propio futuro. Contra nuestro deseo de felicidad. Contra nuestros sueños nacionales. Como los suyos, los de la gente común de Estados Unidos. Como los de todas las personas en los Estados Unidos.

Recuerdo su monumento nacional Rushmore. Los rostros de sus presidentes prominentes. Los que sentaron las bases de América. Tal y como es hoy. La democracia, la independencia, la libertad y el cuidado de todos. Todos los que trabajan con diligencia. Quien vive honestamente. Que respetan la ley.

En Ucrania queremos lo mismo para nosotros. Todo aquello que sea una parte normal de la vida para ustedes.

¡Señoras y caballeros!

¡Americanos!

En su gran historia tienen páginas que les permitirán entender a los ucranianos. Entiéndanos ahora. Cuando más se necesita.

Recuerden Pearl Harbor. La terrible mañana del 7 de diciembre de 1941. Cuando su cielo estaba negro por los aviones que les atacaban. Simplemente recuerden eso.

Recuerden el 11 de septiembre. Un día terrible en 2001, cuando el mal intentó convertir sus ciudades en un campo de batalla. Cuando gente inocente fue atacada. Atacada desde el aire. De una manera imparable.

¡Nuestro estado lo está viviendo a diario! ¡Cada noche! ¡Desde hace tres semanas! Diferentes ciudades ucranianas... Odesa y Kharkiv, Chernihiv y Sumy, Zhytomyr y Lviv, Mariupol y Dnipro. Rusia ha convertido el cielo ucraniano en una fuente de muerte. Para miles de personas.

Las tropas rusas ya han disparado casi mil misiles contra Ucrania. Innumerables bombas.

Utilizan drones para matar con mayor precisión. Es un terror que Europa no ha visto en 80 años.

Y pedimos una respuesta. Pedimos una respuesta del mundo. Pedimos una respuesta al terror. ¿Es demasiado pedir?

Establecer una zona de exclusión aérea sobre Ucrania equivale a salvar a la gente. Una zona de exclusión aérea humanitaria. Condiciones bajo las cuales Rusia ya no podrá aterrorizar nuestras pacíficas ciudades cada día y noche. Si eso es demasiado, ofrecemos una alternativa.

Ya saben qué sistemas de defensa necesitamos. C-300 y otros sistemas similares.

Ustedes saben cuánto depende en el campo de batalla de la capacidad de poder utilizar aviones. Aviones potentes y fuertes. Para proteger a su gente. Su libertad. Su tierra. Aviones que pueden ayudar a Ucrania. Que pueden ayudar a Europa.

Y también saben que están disponibles. Pero en tierra. No en el cielo ucraniano. No protegen a nuestro pueblo.

"Tengo un sueño" - estas palabras las conocen todos y cada uno de ustedes. Hoy puedo decir: Tengo una necesidad. La necesidad de proteger nuestro cielo. La necesidad de su decisión. Su ayuda. Y significará exactamente lo mismo. Lo mismo que ustedes sienten. Cuando escuchan: Tengo un sueño.

¡Señoras y caballeros!

¡Amigos! Ucrania está agradecida a los Estados Unidos por su abrumador apoyo. Por todo lo que su Estado y su pueblo han hecho ya por nuestra libertad. Por las armas y las municiones, por el entrenamiento y la financiación, por el liderazgo en el mundo libre, que ayuda a presionar económicamente al agresor.

Agradezco al Presidente Biden su implicación personal, su sincera dedicación a la defensa de Ucrania y de la democracia en todo el mundo.

Les agradezco la resolución, que reconoce como criminales de guerra a todos los que cometen crímenes contra el pueblo ucraniano.

No obstante, ahora, en el momento más oscuro para nuestro país, para toda Europa, les insto a hacer más. Se necesitan nuevos conjuntos de sanciones cada semana. Hasta que la maquinaria militar rusa se detenga. Se necesitan restricciones para todos aquellos en los que se basa este régimen injusto.

Proponemos que Estados Unidos imponga sanciones contra todos los políticos de la Federación Rusa que sigan en sus cargos y no corten los lazos con los responsables de la agresión a Ucrania. Desde los diputados de la Duma Estatal hasta el último funcionario que no tenga la moral necesaria para cortar los lazos con el terror de Estado. Todas las empresas estadounidenses deben abandonar Rusia, su mercado. Dejen este mercado inundado con nuestra sangre.

Señoras y caballeros.

¡Miembros del Congreso! ¡Tomen la iniciativa! Si tienen empresas en las circunscripciones que patrocinan la maquinaria militar rusa, manteniendo sus negocios en Rusia... Tienen que presionarlas. Para que el estado ruso no reciba ni un solo dólar, que luego destine a la destrucción de Ucrania. En la destrucción de Europa.

Hay que cerrar todos los puertos americanos a las mercancías y barcos rusos. La paz es más importante que el beneficio. Y debemos defender este principio juntos en todo el mundo.

Ya nos hemos convertido en parte de la coalición antiguerra. La gran coalición antiguerra, que une a muchos estados, a decenas de estados. Aquellos que reaccionaron con principios ante la decisión del presidente Putin, ante la invasión rusa de nuestro Estado.

Pero tenemos que seguir adelante. Tenemos que crear nuevas herramientas. Para responder rápidamente. Y poner fin a la guerra. La invasión rusa de Ucrania a gran escala comenzó el 24 de febrero. Y sería justo que terminara en el plazo de un día. En el plazo de 24 horas. Para que el mal sea castigado inmediatamente. Hoy el mundo no tiene esas herramientas.

Las guerras del pasado han llevado a nuestros predecesores a crear instituciones que supuestamente nos protegerían de la guerra. Pero... No funcionan. Nosotros lo vemos. Ustedes lo ven. Así que necesitamos otras nuevas. Nuevas instituciones. Nuevas alianzas.

Y nosotros las proponemos.

Proponemos crear una asociación – la U-24. Unidos por la paz. Una unión de estados responsables que tengan el poder y la conciencia para poner fin a los conflictos. Inmediatamente. Proporcionar toda la ayuda necesaria en 24 horas. En caso necesario - armas. En caso necesario - sanciones. Apoyo humanitario. Apoyo político. Financiación. Todo lo necesario para preservar la paz rápidamente. Para salvar vidas.

Además, una asociación de este tipo podría facilitar auxilio a quienes sufren catástrofes naturales, catástrofes provocadas por el hombre. Que fueran víctimas de una crisis humanitaria o de una epidemia.

Recuerden lo difícil que fue para que el mundo hiciera lo más sencillo: dar vacunas a todo el mundo. Vacunas contra COVID. Para salvar vidas. Para prevenir nuevas cepas.

El mundo pasó meses y años haciendo cosas que podrían haberse hecho mucho más rápido. Para que no hubiera pérdidas humanas.

¡Señoras y caballeros!

¡Americanos!

Si una alianza de este tipo, la U-24, se hubiera formado ya, creo que habría salvado miles de vidas. En nuestro país, muchos otros países que necesitan la paz de forma tan crucial, que sufrieron una destrucción inhumana... Les pido que vean ahora un vídeo. El video de lo que las tropas rusas hicieron en nuestra tierra. Tenemos que poner fin a esto. Debemos prevenir tales cosas. Destruir preventivamente a todo agresor que pretenda conquistar otra nación.

Por favor, vean...

Y al final para resumirlo.

Hoy no es suficiente ser el líder de la nación.

Hoy se necesita ser el Líder del mundo. Ser el Líder del mundo significa ser el Líder de la Paz.

La paz en su país ya no depende sólo de ustedes y de su gente.

Depende de los que están a su lado, de los que son fuertes.

Fuerte no significa grande. Fuerte significa ser valiente y estar dispuesto a luchar por la vida de sus ciudadanos y de los ciudadanos del mundo.

Por los derechos humanos, por la libertad, por el derecho a vivir decentemente y a morir cuando le llegue la hora, no cuando lo quiera otro, su vecino.

Hoy el pueblo ucraniano está defendiendo no sólo a Ucrania, estamos luchando por los valores de Europa y del mundo, sacrificando nuestras vidas en nombre del Futuro.

Por eso hoy el pueblo estadounidense está ayudando no sólo a Ucrania, sino a Europa y al mundo a mantener vivo el planeta, a mantener la justicia en la historia.

Ahora tengo casi 45 años. Hoy mi edad se detuvo cuando los corazones de más de 100 niños dejaron de latir. No le veo sentido a la vida si no puede detener la muerte. Y esta es mi principal misión como Líder de mi pueblo, los grandes ucranianos.

Y como líder de mi nación me dirijo al presidente Biden.

Usted es el líder de la nación, de su gran nación.

Deseo que sea el líder del mundo. Ser el líder del mundo significa ser el líder de la paz.

Gracias.

¡Gloria a Ucrania!

Los secretos de su comunicación

Hitos

Ante el Congreso de Estados Unidos Zelenski optó por hacer un recordatorio de hitos importantes, de hitos clave en la historia del país con el que quiere conectar su situación y qué mejor forma que hacerlo que acudiendo a hitos clave.

En esta ocasión el Presidente de Ucrania se centró en dos, y en los dos casos les pidió que los recordasen. El objetivo es traerlos al presente de la mente de toda su audiencia.

Si nos fijamos el planteamiento es diferente al que llevó a cabo en el Parlamento de Canadá. En aquella intervención se decantó por el "Imagina" en diferentes escenarios para que los visualizasen

Ahora utiliza un "Recordad" para traer al presente esos dos hitos y vincularlos a su situación actual "Recuerden Pearl Harbor. La terrible mañana del 7 de diciembre de 1941. Cuando vuestro cielo estaba negro por los aviones que os atacaban. Recuerden eso".

"Recuerden el 11 de septiembre. Un día terrible en 2001, cuando el mal intentó convertir vuestras ciudades en un campo de batalla. Cuando gente inocente fue atacada. Atacados desde el aire. De una manera que nadie esperaba".

Discurso de Zelenski. EEUU.

"Recuerden Pearl Harbor. Recuerden el 11 de Septiembre"

La interpelación es directa para con su público. No cita simplemente de forma abstracta lo que sucedió, se produce la invitación a recordar. Y con el recuerdo se activa el proceso emocional.

Esta técnica de los hitos ha sido y es utilizada por aquellas comunicadoras, por los comunicadores que quieren hacer el recordatorio de esos momentos para conducir a un posicionamiento de la mente favorable al siguiente mensaje.

Seguro que muchos de los que estáis leyendo este libro, porque si lo estáis leyendo es que os interesa este mundo recordareis un momento de comunicación único.

El discurso de John Fitgerald Kennedy en la Universidad de Rice, en Texas. En ese discurso prometió a los americanos pisar la luna antes de la Unión Soviética, es muy reconocida su frase "Elegimos ir a la Luna"

Lo comparto en este momento no por la similitud del momento histórico con la invasión de Ucrania, que no es el caso, sí por la utilización de la técnica de los hitos.

Kennedy pronunció las siguientes palabras en una parte de su discurso: "Pero, preguntan algunos, ¿por qué la Luna? ¿Por qué elegimos esta meta? Y de la misma forma podrían preguntar, ¿por qué escalamos la montaña más alta? O, hace 35 años, ¿por qué cruzamos el Atlántico en avioneta?

El presidente de Estados Unidos hace un repaso a hitos que tiene como objetivo posicionar en la mente de su audiencia un mensaje muy claro: si fuimos capaces de hacer todo esto, si fuimos además los primeros, cómo no vamos a ser los primeros en poner un hombre en la luna

Zelenski posiciona muy bien dos hitos clave en la historia de Estados Unidos y le permite vincular su situación actual a la más parecido en la historia del país al que dirige su intervención. Una vez más y no por repetido deja de ser llamativo,Zelenski representa el caso en la actualidad más poderoso en lo que toca a la personalización de discursos. Siempre piensa en "a qué

Discurso de Zelenski. EEUU.

"Recuerden Pearl Harbor. Recuerden el 11 de Septiembre"

audiencia me dirijo", antes de entregar sus mensajes. Algo que todos deberíamos anotar en letras bien mayúsculas en todas y cada una de nuestras presentaciones. Es una de las recetas del éxito del arte del lenguaje del liderazgo. Es verdad que no es la única clave que tenemos que pensar antes de enfrentarnos a una comunicación. Sí es la primera por la que debemos empezar antes de preparar cualquier comunicación.

Creación de un momento

Posiblemente sea la primera vez que un Presidente utiliza este recurso, y seguro que es la primera vez que esta puesta en escena llega al Congreso de Estados Unidos, en una situación de Guerra y de la mano de un líder extranjero.

Y es que en este tiempo si alguien ha demostrado conocimiento y destreza a la hora de presentar una comunicación de este S.XXI es Zelenski.

En mis formaciones de equipos directivos por todo el mundo y cuando he tenido la oportunidad de acompañar a un candidato presidencial en el crecimiento de su liderazgo y habilidades en comunicación, siempre destaco este punto, lo que llamo comunicador total S.XXI.

En este tiempo hay que saber desenvolverse en el entorno multimedia y Zelenski lo borda.

Creación de un momento
Efecto Superioridad de la Imagen

Volodímir Zelenski compartió un vídeo de dos minutos ante el silencio y la mirada atenta de su audiencia en el Congreso de Estados Unidos. Quedaban 5 minutos para el final de su intervención. Hizo lo que conocemos como Crear un Momento, en este caso con la proyección de un vídeo.

Durante esos dos minutos compartió imágenes en color con momentos de personas, niños, mujeres, hombres, ancianos sonriendo y haciendo vida normal en imágenes en color.

Y pronto aparecían imágenes duras, en blanco y negro, de muertes de personas, niños, embarazadas, bombardeos y llantos. El contraste entre las imágenes de alegría primero y de desolación y destrucción después creó un momento.

El antes-después presentado creó el momento del discurso.

El efecto de superioridad de la imagen cumple su misión y permite que ese instante sea memorable por mucho tiempo en el cerebro de la audiencia.

Se han hecho estudios de imagen por resonancia magnética funcional que nos dicen que cuando asistimos a la creación de un momento desde la perspectiva de una comunicación, como es este video, este se instala en el disco duro del cerebro y se mantendrá para siempre.

Es decir, este video, integrado en la comunicación de Zelenski será recordado por todos. Puede que no se acuerden del discurso de Zelenski pasado el tiempo, seguro. No se acordarán de todas las palabras, eso seguro. Sin embargo, es seguro que las imágenes y ese momento quedará en la memoria de todos. Y si ese momento suma en la dirección de cautivar, de conectar con una audiencia, os invito a que lo utilicéis.

Creación de un momento
Idea principal

Hace un momento he comentado que se acordarán con dificultad de las palabras de Zelenski, de todas.

¿Y de su idea principal?

Zelenski terminó el video compartiendo su idea principal en un mensaje que apareció a pantalla completa. "Cierren el cielo de Ucrania"

Esta fue la petición principal, la idea principal que quiso trasladar a los americanos, y fue la idea que compartió como final del video. Una manera de asegurar que esa idea queda en la mente de todos.

Como vemos su dominio del lenguaje audiovisual, la visión de integrar un vídeo en su intervención para causar más impacto, son claves que le diferencian de otros líderes actuales. Y cuando hablo de líderes me refiero a líderes en el entorno no sólo político, también empresarial, en el del emprendimiento, en organizaciones, instituciones, deportivas, sociales y muchas más.

Hoy tenemos que conectar con personas que reciben la información de una forma diferente a como la recibían generaciones anteriores, y por eso todos los recursos a nuestro alcance son pocos.

Zelenski: Comunicador Total S.XXI

Problema – solución

Una de las claves de la comunicación que despliega con mucha habilidad Zelenski en este discurso ante el Congreso de Estados Unidos es cómo presenta el problema, la situación actual, cómo dice sin esconderse que la otra parte no ha hecho o está haciendo lo que él considera óptimo y ofrece alternativas.

No se queda únicamente en la explicación del problema y tampoco se instala en el recurso del pataleo. No se limita a mostrar con su tono de voz y lenguaje corporal su desacuerdo o el enfado. Se centra y presenta todo aquello que según él se podría hacer mejor.

Plantea, formula, presenta alternativas para la otra parte pueda tomar acciones diferentes para conseguir objetivos específicos en esa comunicación. Deja muy claro qué quiere que haga su interlocutor y le propone cómo hacerlo.

Problema – solución
La petición más sencilla

La fórmula es sencilla y conociendo cómo funciona el cerebro posiciona a la mente de nuestro interlocutor en un camino favorable. Primero Zelenski presenta una gran petición, de entrada, la que presenta más dificultades, la más exigente, la de mayor valor. A continuación, se presenta una diferente en un segundo nivel, donde tenemos más probabilidades de conseguir el sí.

Zelenski explicita su prioridad, por un lado. Y si esa es difícil presenta un plan B, otra opción para que se puede llevar a la práctica:

"Establecer una zona de exclusión aérea sobre Ucrania es salvar a la gente. Una zona de exclusión aérea humanitaria. Condiciones bajo las cuales Rusia ya no podrá aterrorizar nuestras pacíficas ciudades cada día y noche. Si eso es demasiado, ofrecemos una alternativa.

Ya saben qué sistemas de defensa necesitamos. C-300 y otros sistemas similares".

Agradecer un logro conseguido a la otra parte, a nuestro interlocutor, predispone al otro a dar un paso más cuando se considera que el primer paso era fácil en su ejecución. Es momento de pasar a la siguiente solicitud. Es lo que sugiere Zelenski en este segundo momento.

"Les agradezco la resolución, que reconoce como criminales de guerra a todos los que cometen crímenes contra el pueblo ucraniano.

Sin embargo, ahora, en el momento más oscuro para nuestro país, para toda Europa, les insto a hacer más. Se necesitan nuevos paquetes de sanciones cada semana".

Por supuesto, si existe un problema, bien planteado por Zelenski y tiene como objetivo sumar en la solución a la Audiencia, no sólo plantea el problema. En un acto de comunicación y del que se esperan respuestas inmediatas no podemos permitirnos el lujo de perder oportunidades de éxito por no comunicar de forma efectiva. ¿Cuántas veces planteamos problemas en nuestra empresa, en nuestra organización? Y sí, queda muy clara la problemática, la situación actual, el presente.

¿Y qué sucede si automáticamente presentamos la solución? Es bueno que tengamos muy presente que la percepción que se tiene de los profesionales, de las y los directivos, de las lideres, de los lideres de este tiempo crecer exponencialmente siempre que presentan opciones para le mejora. Ofrece soluciones, no sólo muestres el problema.

Problema – solución
Por qué, Cómo y Qué

Y en esa habilidad de comunicación presenta la solución al problema, la alternativa, esa que quieres salga adelante respondiendo a las preguntas clave.

¿Por qué hacerlo?

¿Cómo hacerlo?

¿Qué hacer?

Veamos un ejemplo de esa estructura:

¿Por qué hacerlo?

"Las guerras del pasado han llevado a nuestros predecesores a crear instituciones que supuestamente nos protegerían de la guerra. Pero... No funcionan. Nosotros lo vemos. Ustedes lo ven. Así que necesitamos otras nuevas. Nuevas instituciones. Nuevas alianzas.

Y nosotros las ofrecemos".

¿Cómo hacerlo?

"Ofrecemos crear una asociación - U-24. Unidos por la paz. Una unión de estados responsables que tengan la fuerza y la conciencia para detener los conflictos. Inmediatamente.

¿Qué hacer?

Proporcionar toda la ayuda necesaria en 24 horas. Si es necesario - armas. Si es necesario – sanciones.

Zelenski en inglés

Se cuentan con los dedos de una mano las ocasiones en las que Zelenski habla en un idioma que no sea su lengua materna. Esta es una de esas veces, el líder ucraniano habla en inglés ante su audiencia.

En cuanto termina el vídeo que ha mostrado, Zelenski presenta su gran argumento de cierre de la intervención. Su llamada a la acción es en inglés. Quiere fortalecer la influencia con su audiencia, que en ese momento está en un punto álgido de conexión emocional por el vídeo que acaban de ver.

Todas estas claves se preparan en el proceso de confección del discurso con la intención de favorecer una comunicación de impacto y de mayor cercanía con el público al que se dirige.

Cómo aplicar las técnicas en tus presentaciones, en tus comunicaciones, en tus discursos

— Plantéate si en tu presentación ayuda a conseguir el objetivo de tu comunicación mostrar, plantear, poner sobre la mesa hitos principales. Esos hitos, bien presentados dotarán de credibilidad y fortaleza a la petición que estás solicitando, al avance en el desarrollo del producto que estás presentando, a esa propuesta de cambio que ofreces a tu audiencia.

— Haz un "Steve Jobs". El IPhone, presentado en el año 2007, quería ser presentado como el avance en innovación más importante en el sector. Una de sus claves fue acudir a la técnica de los hitos. "En el año 1984 presentamos el Macintosh. No sólo cambió Apple, cambió la industria de los ordenadores. En el año 2001 presentamos el IPod.

— No sólo cambió la forma en la que escuchábamos música, cambió por entero la industria de la música".

— Crea tu Momento. Si en tu comunicación procede y apoya al mensaje principal de forma valiosa, elige la creación de tú momento. Haz una demostración, presenta el objeto clave, la acción que consideres decisiva para que sea inolvidable a la vista y para el cerebro. Recuerda que ese momento quedará de forma memorable para toda tu audiencia. No se olvidarán nunca.

— La imagen vale su precio en oro. Seguro que te viene a la mente ese proverbio chino que dice así: "Una imagen vale más que 10.000 palabras" Sé que habrás escuchado este proverbio haciendo referencia a 1.000 palabras. Parece que el original es el primero. En cualquier caso, fortalece mucho más la esencia de este recurso. Nos quedamos con la primera. Si la mayor parte de la población es visual ¿Por qué en tantas ocasiones no utilizamos un video o una imagen en nuestras comunicaciones? Perdemos oportunidades de conectar con nuestras audiencias. Zelenski es quizá un pionero en comunicación de líderes políticos al compartir un video en una "presentación". Porque un discurso es una presentación. ¿Funciona? ¿Cumple su misión? Te invito a que veas el vídeo del discurso de Zelenski que compartió ante el congreso de Estados Unidos.

— Lidera tu comunicación enfocándote en la solución no en el problema. Comparte el problema y cuanto antes ofrece soluciones, un plan B, una alternativa. Denotarás optimismo, capacidad de reacción, visión de futuro y harás fácil a tu interlocutor dar el sí a esa alternativa.

- Sé directo. Si no es suficiente con lo que se ha hecho, compártelo. Podemos hacer más. Involucra a tu audiencia y plantea una opción más fácil de llevar a cabo. Será difícil no aceptar una propuesta menor cuando una mayor no ha sido aceptada.
- Siempre es bueno plantearse algunas preguntas y dar las respuestas. Presenta el Por qué, el Cómo y el Qué. Estás ayudando mucho a que tu interlocutor tenga muy claro no sólo lo que hay que hacer, sino cómo hacerlo y por qué. Si se hacía alguna de esas preguntas, acabas de dar todas las respuestas. Comunicación efectiva cumplida.

17 de Marzo de 2022

Discurso del Presidente de Ucrania Volodímir Zelenski ante el Bundestag

1305 palabras

12 minutos

"¡Canciller Scholz! Derribe este muro"

Estimada Presidente Göring-Eckardt.

Estimado Canciller Sr. Scholz.

Estimadas señoras y caballleros, diputados, invitados, periodistas.

Pueblo alemán.

Me dirijo a ustedes después de tres semanas de invasión rusa de Ucrania a gran escala, después de ocho años de guerra en el este de mi país, en Donbas.

Me dirijo a ustedes cuando Rusia está bombardeando nuestras ciudades, destruyendo todo en Ucrania. Todo: casas, hospitales, escuelas, iglesias. Usando misiles, bombas aéreas, artillería de cohetes.

Miles de ucranianos murieron en tres semanas. Los invasores mataron a 108 niños. En medio de Europa, en nuestro país, en 2022.

Me dirijo a ustedes después de numerosas reuniones, negociaciones, declaraciones y peticiones. Después de medidas de apoyo, algunas de las cuales ya están atrasadas. Después de sanciones, que obviamente no son suficientes para poner fin a esta guerra. Y después de ver cuántos lazos tienen aún sus empresas con Rusia. Con un Estado que sólo les utiliza a ustedes y a otros países para financiar la guerra.

Durante las tres semanas de guerra por nuestras vidas, por nuestra libertad, nos convencimos de lo que habíamos sentido antes. Y de lo que probablemente aún no todos se dan cuenta.

Es como si ustedes estuvieran detrás del muro otra vez. No el muro de Berlín. Sino en medio de Europa. Entre la libertad y la esclavitud. Y este muro se hace más fuerte con cada bomba que cae en nuestra tierra, en Ucrania. Con cada decisión que no se toma en aras de la paz. No aprobada por ustedes, aunque puedan ayudar.

¿Cuándo ocurrió?

Estimados políticos.

Estimado pueblo alemán.

¿Cómo es esto posible? Cuando les dijimos que Nord Stream era un arma y una preparación para una gran guerra, escuchamos como respuesta que, al fin y al cabo, era una economía. Economía. Economía. Pero era cemento para un nuevo muro.

Cuando les preguntamos qué tiene que hacer Ucrania para convertirse en miembro de la OTAN, para estar segura, para recibir garantías de seguridad, oímos la respuesta: tal decisión no está sobre la mesa todavía y no lo estará en un futuro próximo. Al igual que la silla para nosotros en esta mesa. Al igual que sigue retrasando la cuestión de la adhesión de Ucrania a la Unión Europea. Francamente, para algunos se trata de política. La verdad es que se trata de piedras. Piedras para un nuevo muro.

Cuando pedimos sanciones preventivas, apelamos a Europa, apelamos a muchos países. Recurrimos a ustedes. Sanciones para que el agresor sienta que son una fuerza. Vimos retrasos. Sentimos resistencia. Entendimos que querían continuar con la economía. Economía. Economía.

Y ahora las rutas comerciales entre ustedes y el país que ha traído una guerra brutal a Europa una vez más son alambres de púas sobre el muro. Sobre el nuevo muro que divide a Europa.

Y no ven lo que hay detrás de este muro, y se interpone entre nosotros, entre la gente de Europa. Y por eso, no todo el mundo es plenamente consciente de lo que estamos viviendo hoy.

Me dirijo a ustedes en nombre de los ucranianos, me dirijo a ustedes en nombre de los residentes de Mariupol, civiles de una ciudad que las tropas rusas han bloqueado y arrasado hasta los cimientos. Simplemente destrozan todo lo que hay allí. Todo y a todos los que están allí. Cientos de miles de personas están siendo bombardeado las 24 horas del día. Sin comida, 24 horas al día sin agua, sin electricidad, 24 horas al día sin comunicación.

Desde hace semanas. Las tropas rusas no distinguen entre civiles y militares. No les importa dónde están los objetos civiles, se considera todo un objetivo.

Ayer un teatro que servía de refugio para cientos de personas fue derribado, un hospital de maternidad, un hospital infantil, zonas residenciales sin instalaciones militares – lo están destruyendo todo. A todas horas. Y no dejan entrar ningún cargamento humanitario en nuestra ciudad bloqueada. Durante cinco días, las tropas rusas no han cesado el bombardeo específicamente para impedir el rescate de nuestra gente.

Puedes verlo todo. Si subes a este Muro.

Si recuerdan lo que significó para ustedes el puente aéreo de Berlín. Que se pudo realizar porque el cielo era seguro. No se mataba a la gente desde el cielo como ahora en nuestro país, cuando ni siquiera podemos hacer un puente aéreo. Cuando el cielo sólo da misiles y bombas aéreas rusas.

Me dirijo a ustedes en nombre de los ucranianos mayores. Muchos supervivientes de la Segunda Guerra Mundial. Los que se escaparon durante la ocupación hace 80 años. Los que sobrevivieron a Babyn Yar.

Babyn Yar que el Presidente Steinmeier visitó el año pasado. En el 80° aniversario de la tragedia. Y que fue alcanzado por misiles rusos ahora. Es precisamente este lugar que fue golpeado. Y el ataque con misiles mató a la familia que fue a visitar Babyn Yar, al monumento. Asesinada de nuevo, 80 años después.

Les pido en nombre de todos los que han escuchado a los políticos decir: "Nunca más". Y que han visto que estas palabras no tienen ningún valor. Porque de nuevo en Europa están tratando de destruir toda la nación. Destruir todo por lo que vivimos y para lo que vivimos.

Me dirijo a ustedes en nombre de nuestros militares. Los que defienden nuestro Estado y, por tanto, los valores de los que se habla en toda Europa, en todas partes, y también en Alemania.

Libertad e igualdad. La oportunidad de vivir en libertad, de no de someterse a otro estado, que considera una tierra extranjera su "espacio vital". ¿Por qué defienden todo esto sin su liderazgo? ¿Sin su fuerza? ¿Por qué los estados de ultramar están más cerca de nosotros que ustedes?

Porque esto es el Muro. El muro en el que alguien no repara y al que estamos dando martillazos mientras luchamos por salvar a nuestro pueblo.

¡Señoras y caballeros!

¡Pueblo alemán!

Estoy agradecido a todos los que nos apoyan. Les estoy agradecido a ustedes. A los alemanes de a pie que ayudan sinceramente a los ucranianos en su tierra. A los periodistas que hacen su trabajo con honestidad, mostrando todo el mal que nos ha traído Rusia. Estoy agradecido a los empresarios alemanes que ponen la moral y la humanidad por encima de la contabilidad. Por encima de la economía. La economía. La economía. Y estoy agradecido a los políticos que siguen intentando... Tratando de romper este Muro. Que de entre el dinero ruso y la muerte de los niños ucranianos eligen la vida. Que apoyan el fortalecimiento de las sanciones contra Rusia que pueden garantizar la paz. La paz para Ucrania. La paz para Europa. Que no dudan en desconectar a Rusia del SWIFT.

Que saben que es necesario un embargo sobre el comercio con Rusia. Sobre las importaciones de todo lo que financia esta guerra. Que saben que Ucrania estará en la Unión Europea. Porque Ucrania ya es más Europa que muchos otros.

Agradezco a todos los que son más altos que cualquier muro. Y que sabe que el más fuerte tiene más responsabilidad cuando se trata de salvar a la gente.

Es difícil para nosotros aguantar sin la ayuda del mundo, sin su ayuda. Es difícil defender a Ucrania, a Europa, sin lo que ustedes pueden hacer. De tal forma que no tengan que mirar por encima del hombro ni siquiera después de esta guerra. Después de la destrucción de Kharkiv... Por segunda vez en 80 años. Después del bombardeo de Chernihiv, Sumy y Donbas. Por segunda vez en 80 años. Después de que miles de personas fueran torturadas y asesinadas. Por segunda vez en 80 años. Si no, ¿cuál es la responsabilidad histórica ante el pueblo ucraniano aún no redimido por lo que ocurrió hace 80 años?

Y ahora - para que no aparezca uno nuevo, detrás del nuevo Muro, que volverá a exigir la redención.

Les apelo a ustedes y les recuerdo lo que se necesita. Las cosas sin las cuales Europa no sobrevivirá y no conservará sus valores.

El antiguo actor, presidente de los Estados Unidos, Ronald Reagan, dijo una vez en Berlín, "¡Derribe este muro!"

Y yo quiero decírselo ahora.

¡Canciller Scholz! "¡Derribe este muro!"

Dé a Alemania el liderazgo que se merece. Y del que sus descendientes estarán orgullosos.

Apóyennos.

Apoyen la paz.

Apoyen a todos los ucranianos.

Pongan fin a la guerra. Ayúdennos a pararla.

¡Gloria a Ucrania!

Los secretos de su comunicación

Hilo conductor
Metáfora personalizada

La primera y gran elección que hace Zelenski en este discurso es la utilización de una palabra que ejerce la función de metáfora. Una palabra que resume la esencia de lo que está pasando y que será repetida varias veces para introducir diferentes argumentos. Actuará de hilo conductor en una audiencia que además lo recibirá con un especial valor por lo que esa palabra representa para ellos. Esta palabra tiene menos o ningún sentido si se pronuncia ante una audiencia diferente.

Zelenski elige la palaba muro, en clara alusión al muro de Berlín. La primera vez que la utiliza en los primeros treinta segundos de su presentación dará paso a quince ocasiones más. Hasta en quince ocasiones repite la palabra. Así comenzó su hilo conductor con la palabra muro como palabra clave.

"Ustedes están como detrás del muro otra vez. No el muro de Berlín. Pero en medio de Europa. Entre la libertad y la esclavitud. Y este muro se hace más fuerte con cada bomba que cae en nuestra tierra, en Ucrania".

Zelenski vincula todo el poder metafórico de la palabra muro a varias ideas principales que se van destilado a lo largo de su presentación.

Muro: entre la libertad y la esclavitud

Muro: Nord Stream era un arma

Muro: se retrasa la adhesión a la Unión Europea

Muro: rutas comerciales entre Alemania y Rusia

Muro: ninguna carga humanitaria en nuestra ciudad bloqueada

Muro: los estados de ultramar están más cerca de nosotros que ustedes

Interacción directa

Firmeza, dureza, lenguaje directo

El lenguaje directo, la convicción y la eliminación de eufemismos y lenguaje abstracto es un común denominador en este discurso en el Bundestag. Zelenski dice lo que quiere decir y lo hace de forma directa poniendo blanco sobre negro todo aquello que considera reprobable.

En los primeros segundos de la presentación el Canciller Scholz y todos los políticos alemanes escuchan lo siguiente. Un mensaje directo:

"Me dirijo a ustedes después de numerosas reuniones, negociaciones, declaraciones y peticiones. Después de medidas de apoyo, algunas de las cuales ya han pasado. Después de sanciones, que obviamente no son suficientes para detener esta guerra. Y después de ver cuántos lazos tienen aún sus empresas con Rusia. Con un Estado que sólo os utiliza a vosotros y a otros países para financiar la guerra.

Como vemos no suaviza en nada su comunicación y mantiene la firmeza y la dureza de su mensaje cuando hace referencia clara, por ejemplo, a los lazos que las empresas alemanas tienen en ese momento todavía con Rusia. Sin paños calientes.

Llamada acción directa

"¡Canciller Scholz! Derribe este muro".

Así cierra Zelenski el discurso, con una llamada a la acción directa al Canciller, llamándole por su nombre. En este caso la petición directa de derribar el muro encierra todas las claves que en el hilo conductor ha querido destacar Zelenski. La palabra muro simboliza todo aquello que está en pie, y que según el líder ucraniano hay que derribar.

La alusión es directa a uno de los Call to Action, a una de las llamadas a la acción más poderosas de la historia de la comunicación.

Berlín, puerta de Brandenburgo, 6/12/1987.

Su protagonista fue Ronald Reagan, presidente de Estados Unidos. Por cierto, que podemos destacar en este punto como Zelenski hace referencia en su discurso al pasado de Reagan como actor, además de presidente de EEUU.

En ese mismo momento es otro acto cómico, Volodimir Zelenski, quien está compartiendo un discurso relevante, no en la puerta de Brandenburgo, pero con un peso parecido, en este caso en el Bundestag. Recordemos que Zelenski llegó a ser presidente de Ucrania después de su actividad como actor cómico.

Volvemos a 1987. En ese call to action Ronald Reagan se pronuncia en estos términos:

"Señor Secretario General, señor Gorbachov.

Si busca la paz.

Si busca la prosperidad para la Unión Soviética y el Este de Europa.

Si busca la liberalización.

Venga aquí a esta puerta señor Gorbachov.

Señor Gorbachov, abra esta puerta

(El público rompe en aplausos)

Señor Gorbachov

Derribe este muro

(El público rompe en aplausos)

2 años después cayó el Muro de Berlín después de veintiocho años.

Zelenski quiere traer todo el peso de uno de los momentos de comunicación históricos vividos en Berlín con esa frase directa, firme y con una clara propuesta de acción dirigida al líder de la Unión Soviética "Mr. Gorbachov: Tear Down this Wall"

"Señor Gorbachov: derribe este muro"

No es la primera vez que Zelenski personaliza con acierto una comunicación buscando la conexión emocional más profunda. Acude a un momento referente de la historia del país de su audiencia. Ya lo hizo por ejemplo ante los británicos en la referencia que vimos al "Lucharemos en las playas" de Winston Churchill.

Audiencia única

La intención de Zelenski es tocar el filtro emocional, histórico, experiencial de la audiencia al que dirige este tipo de mensajes. Es una de las claves esenciales que tiene el poder de la neuro comunicación y que vemos que Zelenski utiliza para crecer en su poder de persuasión en sus comunicaciones. De entrada, sí que refleja algo muy claro y que todos podemos interiorizar en nuestro ADN como comunicadores, líderes para tener éxito en nuestro presente y futuro. El primer gran análisis antes de ponernos delante de una gran audiencia es preguntarnos qué beneficio esperan llevarse de esa comunicación qué necesitan, qué quieren, qué les motiva, qué les emociona.

Y después preguntarnos qué queremos qué piense, qué queremos que sientan y qué queremos que hagan.

La mayor parte de los oradores quizá se plantean la primera de las cuestiones, qué quieres que piense tu audiencia. Ya os adelanto que perdemos muchas posibilidades de persuasión si no nos preguntamos qué queremos que sientan, algo que ya hemos visto en anteriores comunicaciones de Zelenski forma parte de su Manual de Estilo. Zelenski se plantea siempre esa pregunta en todas sus intervenciones que estamos viendo. La emoción es una prioridad, forma parte del manual de estilo.

Cuando pensaba el título del libro, pronto surgió Método Zelenski. Después sentí que no podía faltar la palabra emoción. Así nació cómo liderar desde la emoción. El camino de la elección del título de un libro seguro se presenta de la forma más espontánea y natural. Hasta la fecha me he visto en esa situación en dos ocasiones en mi vida. En el momento de poner nombre y apellidos al título mi hijo Guillermo pronunció las palabras mágicas, Método Zelenski, y así se ha terminado publicado.

Volvemos al discurso ante el Bundestag.

En este caso, en este discurso potencia especialmente la pregunta qué quieres que hagan. Deja muy claro lo que espera, la interacción directa con Scholz, la llamada a la acción con firmeza, con lenguaje directo.

Y a eso ayuda mucho recuperar el "Derribe este muro" de Ronald Reagan.

Y para que no haya ninguna duda de este escenario termina con un contundente:

"¡Canciller Scholz! Derribe este muro.

Dé a Alemania el liderazgo que se merece. Y del que sus descendientes estarán orgullosos.

Apóyenos.

Apoye la paz.

Apoyen a todos los ucranianos.

Pongan fin la guerra. Ayúdennos a pararla.

¡Gloria a Ucrania!"

Cómo aplicar las técnicas en tus presentaciones, en tus comunicaciones, en tus discursos

Utiliza un hilo conductor cuando consideres que puede fortalecer tu presentación. Ya sabemos además que una palabra que fotografíe la esencia de los argumentos, permitirá que tu audiencia lo visualice.

En el cierre de tu presentación has referencia al hilo conductor. Muestra las conclusiones en clara alusión a esa palabra clave que te ha servido para viajar durante tu presentación. Ese final cautivador pondrá el broche, el cierre de oro a una comunicación especial.

Y no se te olvide en ese cierre fortalecer el call to action, la llamada a la acción. Cuando en tu presentación sea vital la respuesta a la pregunta ¿Qué quiero que ganen cuando terminen de escucharme?, dilo en la parte final.

Interacciona de forma directa siempre que lo consideres. No pierdas la oportunidad de mandar un mensaje directo y claro a la persona que deba tomar la acción específica a la que te estás refiriendo.

Crezcamos en una comunicación positiva y de resultados. Siempre que mostremos un problema, aportemos una solución en la comunicación, demos luz a aquello de lo que estamos tratando. Si algo no se ha hecho como nos gustaría, es momento de verbalizarlo con seguridad. Valoremos si procede y si puede molestar o no a nuestro interlocutor. Sabemos que esa posible molestia será menor en breve. ¿Por qué?

Daremos una alternativa a ese planteamiento que o bien no se pudo hacer o no se quiso hacer. Ya corresponde al pasado y ofrecemos una alternativa

De una elección mayor a una menor. Cuando ofrezcamos dos opciones es muy posible que la que cuesta más esfuerzo, la que requiere más implicación, aleje a nuestra audiencia. Como la segunda propuesta será mucho más sencilla y requerirá menos implicación tendremos más posibilidades de que sea aceptada.

Haz alguna referencia a algún punto clave dentro de la empresa, organización, audiencia a la que te estás dirigiendo. Algo que toque a todos si es posible de forma única y que una a todos con la misma fuerza. Acude a su filtro emocional, histórico o experiencial. Una frase clave, un momento específico bien merecerá la pena si cumple esta misión.

Cada audiencia es diferente. Para plantearte todo lo anterior piensa siempre primero en tu audiencia. Y cuando me refiero a tu audiencia es a esa reunión donde hay tres personas, o veinte miembros de tu equipo.

Cien personas en la presentación, o 500. Quién es tu audiencia. Pregúntate qué beneficio esperan llevarse de esa comunicación necesitan, qué quieren, qué les motiva, qué les emociona.

Y para terminar desarrolla en tus presentaciones la mecánica de responder a las preguntas clave que permitirán estructurar tu discurso de forma efectiva. Qué quieres que piense, sienta y haga tu audiencia cuando termine de escucharte

20 de Marzo de 2022

Discurso del Presidente de Ucrania
Volodímir Zelenski en la Knesset

958 palabras

12 minutos

"Quiero recordarles las palabras
de una gran mujer, de Golda Meir"

Estimado Sr. Presidente, miembros de la Knesset.

Estimado Primer Ministro Bennett, muchas gracias por su apoyo.

Estimados miembros del Gobierno del Estado de Israel, todos los asistentes, los invitados, el pueblo de Israel.

Las comunidades ucraniana y judía siempre han estado y, estoy seguro, estarán muy entrelazadas, muy cercanas. Siempre vivirán una al lado de la otra. Y sentirán juntos tanto la alegría como el dolor.

Por eso quiero recordarles las palabras de una gran mujer de Kyiv, que ustedes conocen muy bien. Las palabras de Golda Meir. Son muy famosas, todo el mundo ha oído hablar de ellas. Evidentemente, todos los judíos. Muchos, muchos ucranianos también. Y ciertamente no menos rusos. "Tenemos la intención de permanecer vivos. Nuestros vecinos quieren vernos muertos. No es una cuestión que deje mucho margen para el compromiso".

No necesito convencerles de lo entrelazadas que están nuestras historias. Historias de ucranianos y judíos. En el pasado, y ahora, en esta época terrible. Estamos en países diferentes y en condiciones completamente distintas. Pero la amenaza es la misma: tanto para nosotros como para ustedes: la destrucción total del pueblo, del Estado, de la cultura. E incluso de los nombres: Ucrania, Israel.

Quiero que lo sientan todo. Quiero que piensen en esta fecha. En el 24 de febrero. En el comienzo de esta invasión. La invasión de Rusia a Ucrania. El 24 de febrero - este día ha pasado dos veces a la historia. Y en ambas ocasiones - como una tragedia. Una tragedia para los ucranianos, para los judíos, para Europa, para el mundo

El 24 de febrero de 1920 se fundó el Partido Nacional Socialista de los Trabajadores de Alemania (NSDAP). Un partido que se llevó millones de vidas. Destruyó países enteros. Intentó matar naciones.

Ciento dos años después, el 24 de febrero, se emitió decreto criminal para lanzar una invasión rusa a gran escala de Ucrania. La invasión, que se ha cobrado miles de vidas, ha dejado a millones sin hogar. Los ha convertido en exiliados. En su tierra y en los países vecinos. En Polonia, Eslovaquia, Rumanía, Alemania, la República Checa, los países bálticos y docenas de países diferentes.

Nuestro pueblo está ahora dispersa por todo el mundo. Buscan seguridad. Buscan una forma de permanecer en paz. Al igual que ustedes buscaron una vez.

Esta invasión rusa de Ucrania no es sólo una operación militar, como afirma Moscú. Es una guerra a gran escala y traicionera cuyo objetivo es destruir a nuestro pueblo. Destruir a nuestros hijos, a nuestras familias. Nuestro estado. Nuestras ciudades. Nuestras comunidades. Nuestra cultura. Y todo lo que hace que seamos ucranianos. Todo lo que las tropas rusas están destruyendo ahora. Deliberadamente. Delante de los ojos de todo el mundo.

Por eso tengo derecho a este paralelo y a esta comparación. Nuestra historia y su historia. Nuestra guerra por nuestra supervivencia y la Segunda Guerra Mundial.

Escuchen lo que dice el Kremlin. Simplemente escuchen. Incluso hay términos que sonaron entonces. Y esto es una tragedia. Cuando el partido nazi asaltó Europa y quiso saquearlo todo. Destruir a todos. Quería conquistar las naciones. Y no dejar ni rastro de nosotros, ni rastro de ustedes. Incluso el nombre y el rastro. Lo llamaron "la solución final a la cuestión judía". Lo recuerdan. ¡Y estoy seguro de que nunca lo olvidarán!

Pero escuchen lo que está sonando ahora en Moscú. Escuchen cómo se dicen de nuevo estas palabras: "Solución final". Pero ya en relación, por así decirlo, con nosotros, con la "cuestión ucraniana".

Sonó de una forma tan abierta. Esto es una tragedia. Una vez más, se pronunció en una reunión en Moscú. Está disponible en los sitios web oficiales. Se citó en los medios de comunicación estatales de Rusia.

Moscú lo dice: sin la guerra contra nosotros, no podrían asegurar una "solución final" supuestamente para su propia seguridad. Tal como se dijo hace 80 años.

¡Pueblo de Israel!

Han visto cómo los misiles rusos alcanzaban Kyiv, Babyn Yar. Saben la clase de tierra que es. Más de 100.000 víctimas del Holocausto están enterradas allí. Hay antiguos cementerios de Kyiv. Hay un cementerio judío. Los misiles rusos cayeron allí.

¡Pueblo de Israel!

En el primer día de esta guerra, proyectiles rusos golpearon nuestra ciudad de Uman. Una ciudad visitada por decenas de miles de israelíes cada año. Para una peregrinación a la tumba de Nachman de Breslov. ¿Qué quedará de todos esos lugares en Ucrania después de esta terrible guerra?

Estoy seguro de que cada palabra de mi discurso retumba con dolor en vuestros corazones. Porque sienten lo que estoy diciendo. Pero, ¿pueden explicarse por qué seguimos acudiendo al mundo entero, a muchos países en busca de ayuda? Les pedimos ayuda... Incluso para los visados básicos...

¿Qué es? ¿Indiferencia? ¿Premeditación? ¿O una mediación sin escoger ninguna de las partes? Les dejaré que escojan la respuesta a esta pregunta. Y señalaré sólo una cosa: la indiferencia mata. La premeditación suele ser errónea. Y la mediación puede darse entre estados, no entre el bien y el mal.

Todo el mundo en Israel sabe que su defensa de misiles es la mejor. Es poderosa. Todo el mundo sabe que su arma es potente. Todo el mundo sabe que lo están haciendo muy bien. Saben cómo defender los intereses de su Estado, los intereses de tu pueblo. Y sin duda, pueden ayudarnos a proteger nuestras vidas, las vidas de los ucranianos, las vidas de los judíos ucranianos.

Pueden seguir preguntándose por qué no podemos conseguir armas de ustedes. O por qué Israel no ha impuesto fuertes sanciones contra Rusia. Por qué no presiona a las empresas rusas. Pero depende de ustedes, queridos hermanos y hermanas, escoger la respuesta. Y tendrán que vivir con esta respuesta, pueblo de Israel.

Los ucranianos han hecho su elección. Hace 80 años. Ellos rescataron a los judíos. Por eso los Justos entre las Naciones están entre nosotros.

Pueblo de Israel, ahora tienen esa elección.

¡Gracias!

Gracias por todo

Los secretos de su comunicación

En el discurso en la Knesset ante el pueblo de Israel Zelenski pone en escena algunas claves, algunos recursos que son diferentes respecto a otras intervenciones. Comienzo por la más capital desde mi punto de vista.

Cita

La elección de su comienzo fue magistral en términos de comunicación, una manera de captar la atención y de acercar el conflicto gracias a una cita protagonizada por un personaje ilustre que conecta con la audiencia a la que se dirige.

Zelenski tenía en su mano utilizarlo y lo hizo. ¿Cuántas veces tenemos en nuestra mano la posibilidad de conectar y simplemente lo vemos pasar?

Zelenski nunca deja pasar esa oportunidad.

Si puede ayudar ante su audiencia la figura de una mujer, que nació en Kiev.

Una mujer que se convirtió en la primera ministra de Israel en su historia.

Una niña que sufrió en Ucrania la agresión contra los judíos y que le llevó a vivir su infancia en Estados Unidos.

Si puede ayudar y sumar en su comunicación, Zelenski se entrega en cuerpo y alma. En esta ocasión decidió apoyarse en una líder con mayúsculas para Israel.

Hablamos de Golda Meir.

No sólo fue la primera mujer en convertirse en primera ministra de Israel en 1969, la historia la colocó como la tercera mujer en llegar a esa posición en el mundo en ese momento.

Y quizá no todo el mundo sabe que su estilo de liderazgo, de una presencia y fortaleza muy especiales, hizo que se la conociese como "La dama de hierro". Golda Meir fue también la primera "Dama de hierro" Años después Margaret Tchatcher también fue reconocida de esta forma.

Así introdujo el líder ucraniano ese momento:

"Quiero recordarles las palabras de una gran mujer de Kyiv, que ustedes conocen muy bien. Las palabras de Golda Meir. Son muy famosas, todo el mundo ha oído hablar de ellas. Aparentemente, todos los judíos. Muchos, muchos ucranianos también. Y ciertamente no menos rusos. "Tenemos la intención de permanecer vivos. Nuestros vecinos quieren vernos muertos. No es una cuestión que deje mucho espacio para el compromiso".

Así comenzó Zelenski en un intento claro de conectar con su audiencia de forma inmediata. Poniendo sobre la mesa las palabras, el peso del liderazgo de Golda Meir ante la Knesset.

En 1974 Isaac Rabin sustituyó a Golsa Meir debido a sus problemas de salud

Efeméride
Impacto

Siempre que tenas una efeméride que aporte en una presentación, en tu discurso, no dudes en utilizarla. No siempre aparecerá este recurso, no siempre será tan valioso como te gustaría.

Lo único seguro es que, si aparece, aporta valor y decides no darle importancia, estás perdiendo una oportunidad.

Si algo nos ha demostrado Zelenski es que vive cada intervención, cada discurso, cada momento de visibilidad como una oportunidad para impactar. Que su mensaje llegue a su audiencia está por encima de todas las cosas.

Este es el caso.

El 24 de Febrero de muchos años han pasado muchas cosas. Y en todos los discursos que estamos viendo y en los analizados que no hemos incluido en el libro, es la primera vez que utiliza esta técnica.

La primera.

Porque es ahora y ante esta audiencia donde cumple con el factor impacto.

"El 24 de febrero de 1920 se fundó el Partido Nacional Socialista de los Trabajadores de Alemania (NSDAP). Un partido que se cobró millones de vidas. Destruyó países enteros. Intentó matar naciones.

102 años después, el 24 de febrero, se emitió una orden criminal para lanzar una invasión rusa a gran escala de Ucrania".

Brillante.

La gran palabra
Impacto

Existe una gran diferencia entre la gran palabra y la palabra menor. La gran palabra presenta un gran símbolo, conduce a la mente a la imagen mental asociada a esa palabra y a la emoción a revivir toda la carga de sentimiento que esa produce. Todo eso sucede cuando Zelenski decide pronunciar una palabra y no otra. Multiplica exponencialmente las opciones de conectar, de emocionar, de generar impacto en la audiencia a la que se dirige. Hay varias palabras que ante el pueblo de Israel destacó por encima de todas las demás. Esas palabras marcan la diferencia. "Holocausto" y "Solución

Final", son las grandes palabras que tocan a todos los presentes por igual

"Cuando el partido nazi asaltó Europa y quiso destruir todo. Destruir a todos. Quería conquistar las naciones. Y no dejar nada de nosotros, nada de ustedes. Incluso el nombre y el rastro. Lo llamaron "la solución final a la cuestión judía". Lo recuerdan. ¡Y estoy seguro de que nunca lo olvidarán!".

Hasta en tres ocasiones repite el líder ucraniano estas dos palabras "Solución Final"

Y no tardó Zelenski en acercar otra gran palabra con el objeto de conectar con su audiencia. Para él es imperativo acercar lo que está sucediendo en su país con algún elemento que toque a su audiencia. Y encontró la fórmula.

"Habéis visto cómo los misiles rusos alcanzaban Kyiv, Babyn Yar. Sabéis qué tipo de tierra es. Más de 100.000 víctimas del Holocausto están enterradas allí".

Cómo aplicar las técnicas en tus presentaciones, en tus comunicaciones, en tus discursos

— Presenta una cita de algún personaje que conecte de forma única con tu audiencia. Elige bien a esa persona y cuida la frase que vas a presentar. Esa que de verdad acerque el mensaje principal que quieres compartir. Siempre habrá una mejor que otra.

— Esa cita en los instantes iniciales de tu discurso predispondrá a tu audiencia. Las palabras que tu compartas resonarán con las del personaje que te acompaña en tu discurso. Sumarás tu poder cautivador porque "estás acompañado" de todo el peso que representa esa persona para tu audiencia.

— ¿Qué grandes palabras resuenan en tu audiencia? ¿Qué grandes palabras evocan algún sentimiento especial? ¿Qué grandes palabras ayudarán a conectar con tu público? Estudia previamente a tu audiencia y anota esas dos, tres palabras clave. Y preséntalas cuando consideres.

— Es un recurso valioso y muy fácil de poner en escena. Sólo hay que buscar con intención y esperar el factor suerte. ¿En qué fecha vas a exponer? Revisa las efemérides, acontecimientos que hayan sucedido en esa fecha. Encuentra también alguna otra efeméride que conecte con alguna fecha que tu destacas en tu discurso, si es que existe. Las dos fórmulas son buenas. Si la encuentras, te deseo suerte en la búsqueda en tu próxima comunicación, asegúrate que toca a la esencia del mensaje que quieres compartir. La efeméride no es un adorno, es un apoyo clave y puede convertirse en decisivo en nuestra comunicación.

21 de Marzo de 2022

Discurso del Presidente Volodímir Zelenski a los habitantes de las ciudades ucranianas

834 palabras

7 minutos

"¡Expulsad a estos esclavos!
¡Expulsad a estos ocupantes!"

¡Gran gente de la gran Ucrania!

En este vídeo, quiero hacer un llamamiento por separado a las ciudades ucranianas y a los valientes habitantes de estas ciudades. Al sur libre de Ucrania, donde el sol brilla sólo para recibir a los huéspedes, no a los "turistas" aleatorios en los tanques. A Berdyansk, Kakhovka, Enerhodar, Melitopol y, por supuesto, Kherson.

A Kherson, donde hoy hemos visto a esclavos disparando a personas libres. Esclavos de la propaganda que sustituye su conciencia. Esclavos que metían a todos en furgones de policía. Incluso una anciana con un cartel limpio y blanco. Incluso una niña con una hoja A4 en la que está escrita una sola palabra: "paz".

Estos esclavos enviados por Rusia nunca han visto a tanta gente libre en las plazas y calles. Nunca han visto a miles de personas que no les tengan miedo, a esclavos con armas en las manos. Los esclavos perciben la libertad como salvajismo, como peligro. Tienen miedo. El miedo que los propagandistas saben convertir en odio. Y entonces - disparos contra gente libre y pacífica.

¡Kherson, aguanta! Nunca olvidaremos estos disparos. Disparos desde tu ciudad. Todos estábamos con vosotros en vuestra plaza y calles. Cuarenta millones de ucranianos de nuestro estado.

Millones y millones de ucranianos en el mundo. Todos os hemos visto de pie. Hemos visto quiénes sois. Todos hemos sentido cómo queréis recuperar vuestra libertad. En la tierra, donde, observando la Vía Láctea, los chumaks fueron a buscar la sal, los enemigos se sintieron fatal.

Y en cuanto podamos abrir paso para llegar a vosotros, cada ocupante que disparara a los pacíficos habitantes de Kherson sólo por el color azul-amarillo tendrán una raya negra.

Discurso de Zelenski. Pueblo ucraniano

"¡Expulsad a estos esclavos!

¡Expulsad a estos ocupantes!"

Y lo mismo les espera a los militares rusos pálidos del susto que fueron expulsados hoy en Enerhodar. Los ucranianos pacíficos los expulsaron con sus propias manos.

Los ocupantes de Berdyansk, Melitopol y Kakhovka tendrán una raya negra. Dondequiera que los ocupantes secuestren a nuestra gente. A los que creen que organizan la resistencia.

Pero nosotros no somos Rusia. Recordad. Y no hay necesidad de organizar la resistencia aquí. La resistencia para los ucranianos es u rasgo del alma. Y realmente quiero que vosotros, todos nuestros ucranianos del sur, no penséis ni por un momento que Ucrania no se acuerda de vosotros.

Siempre que tengáis dolor, cuando resistáis a pesar de todo, que sepáis que nuestros corazones están rotos en este momento, porque no estamos con vosotros.

Y pedimos a Dios que os apoye hasta que podamos expulsar a los extranjeros. Esto es una hazaña el que estéis protestando. Esto es la felicidad de que tengamos gente así. Que todos somos Ucrania.

Durante esta invasión, los héroes se han declarado constantemente entre millones de nuestro pueblo.

Antes - ucranianos corrientes, y ahora - luchadores. Hombres y mujeres que defienden nuestro Estado. En todas partes: en el sur, en el este, en el norte, en el centro, en el oeste y en el extranjero. Levantaos para que el enemigo no crea que esto sea una realidad.

Pero les haremos creer. Y les haremos recordar que no son bienvenidos.

Y nunca lo serán. En Kyiv, que se alza valiente y majestuosamente sobre el Dniéper. En Kharkiv... El orgulloso, ordenado y educado Kharkiv. Al que golpean, y no obedece. Chernihiv. ¡Antiguo! Chernihiv, que desde la época de la

Horda no se ha enfrentado a tales atrocidades cometidas por los militares rusos ahora.

Sumy, Okhtyrka y Lebedyn... Izyum, Derhachi ... Volnovakha, Popasna... Borodyanka, Hostomel, Makariv... Mykolaiv...

¡Mariupol! ¡Ciudad trabajadora y honesta! Mariupol. Que los ocupantes se dedican simplemente a destruir. A destruir hasta las cenizas. Pero sobrevivirá a todos ellos. Esclavos inútiles que no saben cómo cuidar de su propio país. De su propia gente. Y se van a la de otros.

¡Luchamos por todos los ucranianos! ¡Y nos acordamos de todos! Estamos agradecidos a todos. Tanto a la gente como a estas hermosas ciudades.

También a Lviv, como a Ivano-Frankivsk, Khmelnytskyi, Chernivtsi, Ternopil, Lutsk, nuestro Uzhhorod... Kropyvnytskyi, Zaporizhzhia, Dnipro, Kryvyi Rih... Vinnytsia, Rivne... Cherkasy, Poltava... ¡Odesa!

Aquellos a los que con poca frecuencia se mencionan en los discursos. Pero a quienes les preocupa por nuestro futuro común. Por Ucrania. Y por la libertad de cada uno de nosotros. Que acogen a personas que se han visto obligadas a abandonar su hogar.

Que trabajan por la defensa. Que envían bienes humanitarios. Que utilizan las empresas evacuadas. Que curan, que ayudan. Que ayudan a todos nosotros y, al hacerlo se ayudan a sí mismos.

¡Grandes personas de la gran Ucrania!

Y digo esto no por casualidad - gran Ucrania. Porque hago un llamamiento a todos en nuestro país y en el extranjero. En las ciudades y en las aldeas. Los que son libres y los que están temporalmente bajo ocupación. En Crimea, en Donetsk, en Luhansk. Donde también deben luchar por la libertad, no os sentéis a esperar.

Hago un llamamiento a todos los ucranianos. Dondequiera que estemos. Haced todo lo posible para proteger nuestro estado.

Para salvar a nuestro pueblo. Luchar. Luchar y ayudar. ¡Expulsad a los ocupantes! ¡Expulsad a los ocupantes! Para que Ucrania viva. Para que todos nosotros vivamos con ella.

Libres y en paz. Que tanto amamos.

¡Gloria a Ucrania!

Los secretos de su comunicación

Metáfora

Este es uno de los videos más breves de Zelenski, un video de apenas siete minutos que tiene como objetivo que todos los ucranianos sientan que se dirige a ellos. Hace un esfuerzo tremendo por no dejar a nadie fuera de sus palabras.

Y en esta ocasión quiere construir una metáfora poderosa respecto al ejército que invade las ciudades más importantes de Ucrania. Durante todo el discurso habla de esclavos en referencia a los soldados rusos.

Si nos fijamos en el poder de esta metáfora lo que intenta el dirigente es poner en nuestra mente la imagen de un esclavo. De una persona que no es libre. Unos esclavos que no tienen libertad, que tienen miedo y que responden a la voluntad de su dueño, Vladimir Putin. Un esclavo que no es dueño de su propia vida y que es propiedad de Putin.

Habla de los soldados como mercancía, son mercenarios por obligación.

¡Expulsad a estos esclavos! ¡Expulsad a estos ocupantes!

Esa es la metáfora que utiliza Volodímir Zelenski para referirse a los soldados en este video. Son esclavos, no soldados.

Contraste

Otro de sus objetivos se presenta con el contraste que busca mostrar la diferencia, el antagonismo, los buenos y los malos de una película que tiene a los héroes ucranianos como protagonistas en este discurso.

Zelenski potencia el bien y el mal cuando se refiere a las personas libres frente a los esclavos soldados rusos de los que ya hemos hablado.

La paz que enarbolan las personas en Ucrania frente al miedo que tienen los soldados rusos.

Los pacíficos habitantes frente a los militares rusos pálidos.

Audiencia heterogénea

Clave en esta comunicación del dirigente es motivar a todos y cada uno de los ciudadanos de Ucrania, llegar a todo el conjunto de la población. Que toda persona en Ucrania sepa que el Presidente le está dirigiendo un mensaje personalizado.

Por esta razón Zelenski hace todo el esfuerzo del mundo por tocar a toda su audiencia.

Conecta con todos y cada uno de los ciudadanos diciéndoles que son personas libres, que son héroes y que son pacíficos.

Cada persona debe saber que es una persona libre, que es un héroe y que es un ser humano pacífico.

Se dirige a los 40 millones de ucranianos, hace referencia a las calles, a las plazas. Y cita el máximo número de ciudades.

"En Kyiv, que se alza valiente y majestuosamente sobre el Dniéper. En Kharkiv... El orgulloso, ordenado y educado Kharkiv. Al que golpean, y no obedece. Chernihiv. ¡Antiguo! Chernihiv, que desde la época de la Horda no se ha enfrentado a tales atrocidades cometidas por los militares rusos ahora.

Sumy, Okhtyrka y Lebedyn... Izyum, Derhachi... Volnovakha, Popasna... Borodyanka, Hostomel, Makariv... Mykolaiv...

¡Mariupol! ¡Ciudad trabajadora y honesta! Mariupol.

Tanto a Lviv, como a Ivano-Frankivsk, Khmelnytskyi, Chernivtsi, Ternopil, Lutsk, nuestro Uzhhorod... Kropyvnytskyi, Zaporizhzhia, Dnipro, Kryvyi Rih... Vinnytsia, Rivne... Cherkasy, Poltava... ¡Odesa!"

Ni un solo ciudadano ucraniano debe sentir en esta comunicación que el mensaje no es para él. Tanto es así que el mismo Zelenski hace alusión a la esencia de esta clave de comunicación: "Aquellos que pueden ser mencionados con poca frecuencia en los discursos".

Cómo aplicar las técnicas en tus presentaciones, en tus comunicaciones, en tus discursos

— Podemos transformar el poder de una palabra dotándola de otro significado y creando una representación mental de la misma. Es lo que hace el presidente de Ucrania transformando soldados rusos en esclavos. Esta clave es tan poderosa que deberíamos utilizarla siempre, y siempre es siempre, para construir mensajes positivos, de luz, que repercutan en un beneficio de las personas. En ocasiones ha sido utilizada para potenciar el lenguaje del odio, y quizá sea bueno que lo sepamos, no para utilizarlo y sí para saber que nos están intentando manipular.

— Qué sucede si transformamos la palabra persona en una joya. "Esta persona es una joya" Automáticamente nuestra representación mental nos lleva a la brillantez a lo valioso. Una manera de aportar un valor diferente a una palabra.

— Destaca las dos partes, las diferencias, los valores, las propuestas. Separa tu idea de la contraria. Siempre que te resulte útil enfrenta dos contenidos, dos argumentos, dos propuestas. Una estará en frente de la otra con el objetivo de potenciar la que quieres que sobresalga en el mensaje. "El otro producto consigue los efectos de forma más rápida y nosotros somos más efectivos" Rapidez vs eficacia, entendiendo esta última como la prioridad.

— En reuniones, comunicaciones de equipo, eventos y presentaciones con un gran número de personas es bueno plantearse este reto. ¿Es posible que conecte con todas y cada una de las personas a las que me dirijo? Este es el gran desafío cuando nos dirigimos a una audiencia heterogénea. Piensa que para tener éxito desde la perspectiva de una comunicación efectiva cada persona si se trata de un grupo reducido, cada departamento, cada grupo social, cada profesión, cada pueblo y así podríamos seguir dependiendo de la comunicación debería sentir que un mensaje es para él. Divide como consideres a tu audiencia con el objetivo de cumplir con la premisa de llegar a todos, de no dejarse a nadie fuera. Compartiré contigo un recurso que espero de resulte útil, un truco si quieres. Antes de cualquier comunicación mía, y antes de cualquier comunicación de cualquier persona a la que acompaño en la preparación de una presentación o un discurso le planteo lo siguiente. Que separemos en círculos en un papel tantas audiencias como podamos identificar y que les pongamos nombre. Y a partir de ahí decidamos mensajes específicos a cada círculo de esa audiencia.

22 de Marzo de 2022

Discurso del Presidente de Ucrania, Volodímir Zelenski, ante la Cámara de Diputados italiana

1316 palabras

12 minutos

"Comprendo que quieran la paz"

Frase del Papa Francisco a Zelenski

¡Estimados Presidente!

¡Estimado Sr. Primer Ministro Draghi!

¡Estimados señores y caballeros, senadores y diputados!

¡Estimado pueblo italiano!

Esta mañana he hablado con Su Santidad el Papa Francisco y me ha dicho palabras muy importantes: "Comprendo que quieran la paz. Comprendo que tengan que protegerse. Tanto los militares como los civiles defienden valientemente la patria. Todos defienden la patria".

Y yo respondí: "Nuestro pueblo se ha convertido en este ejército".

Se convirtieron en este ejército cuando vieron los problemas que causaba el enemigo. La devastación que deja atrás. Y la enorme cantidad de sangre que quiere derramar.

Cuando me dirigí a una manifestación en Florencia y en decenas de otras ciudades europeas hace poco más de una semana, pedí a todos los italianos, a todos los europeos, que recordaran el número 79. El número de niños asesinados en Ucrania en aquel momento.

Ahora son 117.

Otros 38 niños en estos dos días.

Este es el precio del retraso.

El retraso en ejercer presión sobre Rusia. Para que termine esta brutal guerra. Ciento diecisiete niños, miles de adultos. Miles de heridos. Decenas de miles de familias destrozadas. Cientos de miles de destinos destruidos. Millones, ya millones de hogares abandonados. Y todo empezó con una sola persona.

En las zonas ocupadas, las familias asesinadas están enterradas en los patios de los edificios de gran altura. En los parques. En fosas comunes. Esto está ocurriendo hoy. En 2022. Y sabemos que cada día siguiente de la guerra se llevará la vida de nuestros hijos. La cifra final es de 117. La invasión rusa destruirá más familias y más destinos. Por desgracia, la guerra a gran escala continúa. Los misiles, los aviones y la artillería rusos no dejan de matar. Las ciudades ucranianas están siendo destrozadas. Algunas están casi completamente destruidas.

Como Mariupol. Han oído hablar de ella. Nuestra ciudad en la orilla del Mar de Azov. Donde vivían cerca de medio millón de personas. Al igual que en su ciudad de Génova. Yo estuve allí. Y ahora ya no hay nada en Mariupol. Sólo ruinas.

Imagínense Génova totalmente quemado. Después de tres semanas de bloqueo total. Bombardeos, proyectiles, que no han parado ni un momento. Génova destrozado, de la que se está evacuando a la gente, a su maravillosa gente. A pie, en coches, en autobuses... Sólo para llegar a donde es seguro.

Me dirijo a ustedes desde Kyiv, nuestra capital. Desde una ciudad que es tan importante para nuestra región como Roma para el mundo entero. El origen de la gran cultura de una gran nación está en Kyiv. Y ahora estamos al borde de la mera supervivencia. Kyiv ha pasado por guerras brutales a lo largo de su historia. Y merece, después de todas las pérdidas y tragedias, vivir en paz. En paz eterna.

Como se merece Roma y cualquier otra ciudad de nuestro mundo. Pero, por desgracia, todos los días hay una alarma aérea en Kiev. Todos los días caen bombas y cohetes.

Cerca de Kiev, en los pueblos y distritos vecinos, hay varios grupos de tropas rusas. Los que matan y torturan, violan y secuestran niños, destruyen y roban. Los ocupantes se llevan nuestras propiedades a Rusia en camiones. Los últimos que hicieron algo así en Europa fueron los nazis. Cuando invadieron otros países.

Las tropas rusas incluso han minado el mar cerca de nuestros puertos. Y ahora amenazan a las costas vecinas y a los países vecinos, porque las minas pueden llegar por mar hasta ellos.

¡Señoras y caballeros!

¡Pueblo italiano!

¡Es hora de hacer todo lo posible para garantizar la paz!

Esta es una guerra que Rusia ha estado preparando durante mucho tiempo. Que una persona ha estado preparando durante mucho tiempo. ¡Uno! Durante décadas. Ganando dinero a lo loco con las exportaciones de petróleo y gas y dirigiendo las ganancias para preparar la guerra. Y no sólo contra Ucrania. Su objetivo es Europa. Influencia decisiva en su vida, control sobre su política, la destrucción de sus valores. No sólo los nuestros. Democracia, derechos humanos, igualdad, libertad... Los mismos valores que los nuestros.

Ucrania es la puerta de entrada a Europa para las tropas rusas. Quieren entrar. Pero la barbarie no debe pasar. Los ucranianos fueron entre los primeros en acudir en vuestra ayuda cuando lo necesitaban durante la pandemia de COVID. Enviamos a nuestros médicos. Los italianos fueron de los primeros en acudir en nuestra ayuda cuando nuestro pueblo se vio afectado por las terribles inundaciones.

Nos apoyaron, con sinceridad y rapidez. Sin pedir nada a cambio. Ahora nos están ayudando - lo agradecemos mucho. Pero aun así...

La invasión no se ha detenido en 27 días. Casi un mes. Así que se necesitan más sanciones, aún más presión, para que Rusia no busque reservas militares o mercenarios en algún lugar de Libia o Siria, sino la paz. Para que esa misma persona busque la paz. Las consecuencias de esta guerra ya se sienten en muchas partes del mundo. No sólo en Europa. Y lo peor será la hambruna. Acercándose a diferentes países.

Ucrania siempre ha sido uno de los mayores exportadores de alimentos. ¿Pero cómo podemos sembrar bajo los golpes de la artillería rusa? ¿Cómo podemos sembrar cuando el enemigo mina deliberadamente los campos, destruye las bases de combustible? No sabemos qué cosecha tendremos y si podremos exportar. Cuando nuestros puertos están bloqueados y confiscados. Maíz, aceite vegetal, trigo y muchos otros productos. Productos vitales. Para sus vecinos también. Al otro lado del mar.

Los precios ya están subiendo. ¿Cuántas decenas de millones de personas necesitarán ayuda? Frente a sus costas...

¡Señoras y caballeros!

¡Italianos!

Ustedes conocen bien a los ucranianos. Nuestro pueblo que nunca quiso luchar. Que son europeos como ustedes. Saben quiénes trajeron la guerra a Ucrania. Lo saben con certeza. Los que mandan luchar. Y los que la promueven. Casi todos ellos utilizan Italia. Como destino para vacaciones. Así que no sean un recurso para los asesinos. Bloqueen todos sus bienes inmuebles, cuentas y yates - desde el "Scheherazade" hasta los más pequeños. Bloqueen los bienes de todos los que tengan influencia en Rusia.

Que utilicen su influencia para la paz. Para poder volver a ustedes algún día.

Para apoyar mayores sanciones contra Rusia. Un embargo completo del comercio, empezando por el petróleo. Apoyen la prohibición de que los barcos rusos entren en sus puertos. Para que sientan el precio de su agresión y de la colocación de minas en el mar.

No debe haber excepciones al régimen de sanciones para ningún banco ruso. No permitan la crisis alimentaria en sus regiones vecinas. Ayúdennos. Detengan las matanzas. Salven a las familias ucranianas.

Esta guerra debe terminar lo antes posible. La paz debe ser restaurada. Las tropas enemigas deben ser retiradas de Ucrania. El desminado debe llevarse a cabo. Y la reconstrucción. La reconstrucción de Ucrania después de esta guerra. Junto con ustedes, junto con Italia. Junto con Europa. Juntos - en la Unión Europea.

Antes de la guerra, a menudo visitaba su país. Aprecio su hospitalidad, su sinceridad y, a veces, su estruendo. He visto lo que la familia y los niños significan para ustedes. Tienen familias maravillosas, tienen hijos maravillosos. Lo que significa la vida para ustedes. Quiero darles las gracias por ayudar a los ucranianos que han encontrado un refugio de esta tierra en su país.

Hoy hay más de 70 mil de los nuestros en Italia que, por desgracia, tuvieron que esconderse de la guerra. Más de 25 mil niños. Y muchos de ellos han recibido el calor en sus familias italianas. Incluso en las familias de los presentes en esta sala.

El primer ucraniano nacido en Italia, cuya madre encontró refugio en su tierra. Decenas de niños ucranianos con graves heridas y conmoción por el bombardeo están siendo tratados por ustedes.

Os estamos agradecidos por ello, ¡muy agradecidos! Y estamos esperando que vuelvan a casa. A Ucrania, ya en paz. Y, desde luego, ustedes pueden ayudarnos a lograrlo.

Desde el primer día de esta guerra han compartido nuestro dolor y están ayudando sinceramente, de corazón. Los ucranianos siempre lo recordarán. Su calor, su cuidado y su fuerza que debe detener a una persona. Una sola persona para que millones sobrevivan.

¡Gloria a Ucrania!

¡Grazie Italia!

Los secretos de su comunicación

Personalidad de referencia

Es para mí el recurso más poderoso que utiliza Zelenski en este discurso. El que presenta ante la Cámara de diputados italiana y que todos podemos utilizar. Dedicaremos un capítulo especial a esta técnica en nuestro habitual análisis en cómo utilizar las técnicas.

Digo que es clave y vital porque consiste en elegir la frase, la cita, la conversación, el análisis de una figura con peso que seguro tiene trascendencia sobre la audiencia a la que te diriges.

Y en este caso y tratándose de una audiencia italiana no puede ser otro que Su Santidad el Papa Francisco.

Y por esta razón el dirigente decide comenzar, en los primeros diez segundos de su discurso, con las palabras que el Papa ha compartido con él en una conversación esa misma mañana.

Esas palabras del Papa Francisco son las primeras que van a escuchar las diputadas y diputados italianos y sobre ellas construirá parte de la esencia de su discurso.

Es una manera de lograr que durante todo el discurso el presente de la figura y de las palabras del Papa perdure.

¿Qué conseguimos?

No sólo compartir un mensaje con nuestra audiencia. Logramos que nos acompañe en ese proceso de influencia, en ese proceso de persuasión y de conexión con audiencias. Se trata por tanto de un mensaje compartido, el orador se ve reforzado por otra persona que tiene mucho peso respecto a la audiencia a la que te diriges. Sin duda un buen comienzo. Es muy importante, antes de elegir la personalidad que va a fortalecer mi mensaje, preguntarse a qué audiencia me estoy dirigiendo. Siempre. Este mismo, idéntico comienzo de discurso con otra audiencia no tendría el mismo impacto, incluso ninguno dependiendo, en este caso, por ejemplo, del credo de los asistentes.

En este caso y tratándose de Italia, suma en nuestra comunicación.

Así comienza Zelenski, justo después de los saludos protocolarios, que por cierto los hace muy rápido en todas sus comunicaciones. De forma muy ágil entra de lleno en los discursos. Una clave que en el Método Presentac10n llamo apertura. En esta clave marca también diferencias a mejor respecto a otros líderes. Comenzar de lleno con una apertura que capte la atención y evitar introducciones largas y pesadas evitarán la desconexión de la audiencia.

"¡Estimados oradores!

¡Estimado Sr. Primer Ministro Draghi!

¡Estimados señores y señoras, senadores y diputados!

¡Querido pueblo italiano!

Esta mañana he hablado con Su Santidad el Papa Francisco y me ha dicho palabras muy importantes: "Entiendo que quieran la paz. Comprendo que tengan que protegerse. Tanto los militares como los civiles defienden valientemente la patria. Todos defienden la patria"".

Palabra compartida

¿En qué consiste? En poner en valor una palabra clave que ha pronunciado o escrito la persona, la personalidad en la que nos queremos apoyar. Esa palabra clave por tanto no es una palabra que nace del orador, es una palabra que nace en este caso en la figura del Papa Francisco, y que vamos a compartir en el viaje discursivo.

Y esto es justo lo que hace Zelenski con la palabra "Paz". Claro que él de inicio, quiere la paz. Y mañana tú en tu presentación querrás compartir una palabra clave, la que sea. El poder que tiene esta técnica es que esta palabra es una palabra compartida y quien la comparte conmigo es una persona con peso, querida, creíble, respetada o venerada, en cada caso lo que corresponda.

En definitiva, me ayuda a compartir mi mensaje gracias a esa palabra compartida de forma más efectiva, más poderosa y más cautivadora.

Todas las referencias a la palabra paz salen de la boca del líder de Ucrania y están arropadas por la primera frase que ha escuchado la audiencia.

Desvelemos algunos de esos momentos que cumplen con este recurso. Zelenski no tarda en utilizarlos.

"Kyiv ha pasado por guerras brutales a lo largo de su historia. Y merece, después de todas las pérdidas y tragedias, vivir en paz. En paz eterna".

"¡Señoras y señores!

¡Pueblo italiano!

¡Es hora de hacer todo lo posible para garantizar la paz!"

"Así que se necesitan más sanciones, incluso más presión, para que Rusia no busque reservas militares o mercenarios en algún lugar de Libia o Siria, sino la paz".

Ante una audiencia italiana, el dirigente de Ucrania pide la paz.

Antes, mucho antes escucharon al Papa Francisco decir que "Entiendo que quieran la paz"

Discurso de Zelenski. Italia

"Comprendo que quieran la paz"

Frase del Papa Francisco a Zelenski

Reciprocidad

Esta es la última clave, y que de forma breve me gustaría compartir en el análisis de las técnicas que de esta intervención nos resultarán útiles en nuestras futuras comunicaciones. Hablamos de una de las 6 leyes de la influencia que describió muy bien Robert B.Cialdini en su libro. Hablamos de la Ley de la Reciprocidad. ¿Cómo funciona y dónde la pone en escena Zelenski en este discurso?

Los seres humanos tendemos a sentirnos obligados a devolver un favor, a corresponder a las otras personas cuando éstas han hecho algo por nosotros. Se genera ese poderoso sentimiento de estar en deuda. De alguna manera podemos tomar en consideración que es muy difícil no aceptar la ayuda de alguien cuando nos la ofrecen desinteresadamente con anterioridad. Y después seguro que será más fácil que se ayude en un futuro siguiendo esta ley de la reciprocidad.

En un momento de su intervención, el carismático líder ucraniano se instala en esta ley cuando comparte lo siguiente:

"Los ucranianos fueron uno de los primeros en acudir en vuestra ayuda cuando lo necesitabais durante la pandemia de COVID. Enviamos a nuestros médicos. Los italianos fueron de los primeros en acudir en nuestra ayuda cuando nuestro pueblo se vio afectado por las terribles inundaciones.

Nos apoyasteis, con sinceridad y rapidez. Sin pedir nada a cambio. Ahora nos estáis ayudando - lo apreciamos mucho. Pero aun así..."

Este es el momento en que Zelenski toca la Ley de la Reciprocidad terminando con un sugerente "Pero aun así..." Es momento para él de pedir más. Considera que no es suficiente.

Como vemos son muchos los recursos que podemos utilizar para que sean incorporados a nuestras comunicaciones. Cada uno por separado tiene un peso, un valor específico. Es cuando sumamos varios de ellos cuando obran el milagro de la persuasión, de la influencia y de la conexión con personas.

Cómo aplicar las técnicas en tus presentaciones, en tus comunicaciones, en tus discursos

— La cita. Ahora veremos de forma mucho más poderosa lo que significa incorporar una cita en nuestras presentaciones. Se trata de invitar a tu discurso a una persona que tenga ascendencia sobre el público al que te diriges. Ese mensaje llegará de forma más poderosa y cautivadora.

— ¿Quién es tu audiencia? En cuanto te hagas esta pregunta te será fácil iniciar el proceso de decisión de quién debería protagonizar la frase. Compleméntala con esta otra pregunta ¿Qué mensaje quiero potenciar? Siempre que nos hacemos estas dos preguntas el camino para la elección de la cita y de su protagonista se nos despeja de forma muy clara.

— Si buscas un mensaje que potencie la innovación en las empresas ante un foro de invitados de empresa, elige a alguien que represente esas claves. Elige después la frase que más impacte en la clave elegida, en este caso "innovación".

— Si quieres compartir un mensaje de motivación y éxito ante una audiencia estadounidense, seguro que por la mente se te pasa un referente claro. ¿Y si hablamos de una audiencia asiática? ¿Te aparecerán los mismos referentes? Posiblemente pienses en otras personas
— Ante una audiencia de deportistas donde busques potenciar la clave del esfuerzo y que con esfuerzo se puede llegar a lo más alto.
— Y cómo inspirar a una audiencia donde preocupa el trastorno por déficit de atención e hiperactividad (TDAH). Seguro que tienes en mente a la persona puede ayudarte a trasladar el mensaje
— Y qué tal si pensamos en alguien que en el mundo afroamericano tenga peso para, por ejemplo, compartir un mensaje en la dirección del consenso. Todo tuyo.
— Acabo de proponerte varias posibilidades y te invito a que en cada caso pongas en práctica la técnica. Elige a quien consideres podría acompañarte en cada caso para cumplir con la misión de una comunicación de éxito.
— Utiliza como recurso la palabra clave de la persona que has elegido para que fortalezca tu mensaje. Dale visibilidad. La palabra compartida. Muéstrala. Será una palabra con peso en tu presentación. Y no lo será sólo porque la digas tú. Antes ya la ha puesto en escena la persona que tiene ascendencia sobre tu público. Es una personalidad que les llega, que les toca. Y a ti te

ayuda a cumplir con el viaje de una comunicación efectiva y en este caso con impacto.

— Para terminar con la implementación de la técnica decide ahora que palabra clave en la frase de tu personalidad elegida puede servirte para que sea potenciada durante tu comunicación.

22 de Marzo de 2022

Discurso del Presidente de Ucrania en la reunión conjunta del Senado, la Asamblea Nacional de la República Francesa y el Consejo de París

834 palabras

7 minutos

"Había mujeres de parto.

Una rogó a los médicos por su muerte"

¡Señoras y señores senadores!

¡Señoras y señores diputados!

¡Concejales de París!

¡Pueblo francés!

Gracias por el honor de dirigirme a ustedes hoy.

Estoy seguro de que están al tanto de lo que está ocurriendo en Ucrania. Saben por qué está sucediendo. Y saben de quién es la culpa. Incluso los que esconden la cabeza en la arena lo saben. Y cuyas manos siguen tratando de obtener dinero de Rusia.

Así que hoy me dirijo a ustedes. Honestos, valientes, racionales y amantes de la libertad. Me dirijo a ustedes con preguntas: ¿Cómo detener la guerra? ¿Cómo devolver la paz a nuestro estado? Porque la mayoría de los enigmas que conforman la respuesta están en sus manos.

El 9 de marzo, las bombas rusas cayeron sobre un hospital infantil y una maternidad en nuestra ciudad de Mariupol. Era una ciudad pacífica en el sur de Ucrania. Absolutamente pacífica - hasta que las tropas rusas se acercaron y la sitiaron, como en la Edad Media. Hasta que empezaron a torturar a la gente con hambre, con sed, a matarlos con fuego.

Había gente en la maternidad sobre la que los rusos lanzaron bombas. Había mujeres de parto. La mayoría se salvaron. Algunas resultaron gravemente heridas. A una mujer le tuvieron que amputar el pie, ya que estaba completamente hecho añicos.

Y otra mujer... Tenía la pelvis destrozada. Su hijo murió antes de nacer. Los médicos trataron de salvar a la mujer. Lucharon por su vida. Pero ella rogó a los médicos que la dejaran morir. Suplicó que la dejaran, que no la ayudaran. Porque ella no sabía para qué vivir. Lucharon. Ella murió. En Ucrania. En Europa.

Discurso de Zelenski. Francia

"Había mujeres de parto. Una rogó a los médicos por su muerte"

En 2022. Cuando cientos de millones de personas ni siquiera podían pensar que pudiera ser así, que el mundo pudiera estar tan arruinado.

Les pido ahora que honren con un momento de silencio la memoria de miles de hombres y mujeres ucranianos, de todos aquellos que murieron como consecuencia de la invasión rusa del territorio de nuestra pacífica Ucrania.

Tras semanas de invasión rusa, Mariupol y otras ciudades ucranianas azotadas por los ocupantes parecen las ruinas de Verdún. Como en las fotos de la Primera Guerra Mundial, que, estoy seguro, todos y cada uno de ustedes vieron. A los militares rusos no les importa qué objetivos atacar. Los destruyen todo: barrios residenciales, hospitales, escuelas, universidades. Queman almacenes con alimentos y medicinas. Lo queman todo.

No tienen en cuenta conceptos como "crimen de guerra" y "convenios vinculantes". Han traído el terror a Ucrania, el terror de Estado. Todos y cada uno de ustedes son conscientes de ello. Toda la información está disponible. Todos los hechos están ahí.

Información sobre las mujeres violadas por los militares rusos en las zonas temporalmente ocupadas. Sobre los refugiados fusilados en las carreteras. Sobre los periodistas que matan sabiendo a ciencia cierta que son periodistas. Sobre ancianos que sobrevivieron al Holocausto y que ahora se ven obligados a salvarse de los ataques rusos huyendo a ciudades pacíficas en refugios antibombas.

Durante 80 años, Europa no ha visto las cosas que están sucediendo ahora en Ucrania. Por culpa de las acciones de Rusia. Cuando hay gente tan desesperada que pide morir. Como esta mujer.

En 2019, cuando asumí la presidencia, ya había un formato de negociación con Rusia. Era el formato de Normandía. El formato de las negociaciones que tenían por objeto poner fin a la guerra en Donbás. La guerra en el este de Ucrania que, por desgracia, lleva 8 años.

En el formato de Normandía participaron cuatro países: Ucrania, Rusia, Alemania y Francia. Cuatro, pero a través de ellos el mundo entero, todas las posturas estaban representadas. Alguno lo apoyaba. Alguno intentaba retrasar el proceso. Alguno quería estropearlo todo. Pero parecía importante que el mundo estuviera siempre presente en esa mesa de Normandía, la mesa de la paz.

Y cuando las negociaciones dieron su resultado, cuando logramos liberar a personas del cautiverio, cuando pudimos acordar algunas decisiones en diciembre de 2019, fue como un soplo de aire fresco. Como un rayo de esperanza. La esperanza de que las conversaciones con Rusia puedan ayudar. Que se pueda convencer a los dirigentes rusos con palabras para que Moscú elija la paz.

Pero llegó el 24 de febrero. Un día que echó por tierra todos esos esfuerzos. Todos los nuestros. Echó por tierra el viejo significado de la palabra "diálogo". Echó por tierra la experiencia europea de las relaciones con Rusia. Echó por tierra décadas de historia europea.

Todo esto fue bombardeado por las tropas rusas. Destrozado por la artillería rusa. Quemado tras los ataques de misiles rusos.

La verdad no se encontró en los despachos. Así que ahora tenemos que buscarla y ganarla en el campo de batalla.

¿Y ahora qué? ¿Qué nos queda? Nuestros valores. La unidad. Y la determinación de defender nuestra libertad. ¡Libertad común! Una para París y Kyiv. Para Berlín y Varsovia. Para Madrid y Roma. Para Bruselas y Bratislava.

Los sorbos de aire fresco ya no servirán de nada. Tiene sentido actuar juntos. Presionar juntos. Para obligar a Rusia a buscar la paz.

¡Señoras y caballeros!

¡Pueblo francés!

El 24 de febrero, el pueblo ucraniano se unió. Hoy no tenemos derecha ni izquierda. No miramos quién está en el poder y quién en la oposición. La política habitual terminó el día de la invasión de Rusia y se reanudará sólo cuando haya paz.

Y esto es lo correcto: luchar por la vida. Para proteger nuestro estado.

Les estamos agradecidos con ustedes, estamos agradecidos de que Francia ayude. Estamos agradecidos por los esfuerzos del presidente Macrón. Quien mostró un verdadero liderazgo. Nos comunicamos constantemente con él, es cierto, estamos coordinando algunos de nuestros pasos.

Los ucranianos ven que Francia valora la libertad tanto como siempre. Y la protege. Recuerdan lo que es. Libertad, igualdad, fraternidad. Cada una de estas palabras está cargada de poder para ustedes. Yo lo siento. Los ucranianos lo sienten.

Por eso esperamos de ustedes, esperamos de Francia, de su liderazgo, que sean capaces de hacer que Rusia busque la paz. Para hacer que termine esta guerra contra la libertad. Contra la igualdad. Contra la fraternidad. Contra todo lo que hizo que Europa estuviera unida y llena de vida libre y diversa.

Esperamos de Francia, de su liderazgo, que la integridad territorial de Ucrania sea restaurada. Y juntos podemos hacerlo.

Si entre los asistentes hay quienes lo duden, su pueblo ya está seguro. Como otras naciones de Europa.

Y de que durante la presidencia de Francia en la Unión Europea se tomará la decisión histórica, largamente esperada, sobre la plena adhesión de Ucrania a Europa y a la UE. Una decisión histórica en un tiempo histórico. Como siempre ha sucedido en la historia del pueblo francés.

¡Señoras y caballeros!

¡Pueblo francés!

Mañana se cumplirá un mes desde que los ucranianos estén luchando por su propia vida, por su propia libertad, desde que nuestro ejército se oponga heroicamente a las aplastantes fuerzas de Rusia.

¡Necesitamos más ayuda! ¡Necesitamos más apoyo!

Para que la libertad no pierda, debe estar bien armada. Tanques y armas antitanques, aviación y defensa aérea. ¡Necesitamos todo esto! Ustedes pueden ayudarnos. Lo sé. Sí que pueden.

Para que la libertad no pierda, el mundo debe apoyarla con sanciones contra el agresor. Un nuevo conjunto de sanciones cada semana. ¡Cada semana!

Las empresas francesas deben abandonar el mercado ruso. Renault, Auchan, Leroy Merlin y otras. Deben dejar de ser financiadores de la maquinaria militar rusa, financiadores de la matanza de niños y mujeres, financiadores de las violaciones, robos y saqueos del ejército ruso.

Todas las empresas deben recordar de una vez por todas que los valores valen más que el beneficio. Especialmente el beneficio sobre la sangre. Y debemos pensar ya en el futuro. En cómo vamos a vivir después de esta guerra.

Se necesitan garantías. Garantías fuertes. Garantías de que la seguridad será inquebrantable, de que no habrá guerra y de que la guerra en general será imposible.

Estamos creando un sistema así de garantías. Un nuevo sistema de seguridad. En el que Francia, creo, será protagonista. Para que nadie tenga que pedir la muerte nunca más. Para que la gente viva su vida. Una vida plena. Y para que nos despidamos de la gente, no bajo las bombas, no durante, sino cuando llegue el momento.

Sólo con paz. Sólo con dignidad. Porque hay que vivir para que le respeten. Para que le recuerden. Y para que la gente se despida de ustedes como Francia se despidió del gran Belmondo.

¡Gracias, Francia!

¡Gloria a Ucrania!

Los secretos de su comunicación

En este discurso del presidente de Ucrania, dirigido al pueblo francés, a todos los franceses, vamos a poner la mirada en una técnica sustancial que destaca en esta presentación de forma especial en comparación a otros discursos que ya hemos disfrutado juntos en este libro.

Y son además técnicas que funcionan muy bien para captar la atención de audiencias desde el punto de vista cognitivo, de impacto y emocional. Hablamos de la Apertura. Una técnica que destaqué en un capítulo propio de mi primer libro Habla Como Un Líder con muchos y variados ejemplos. Hoy vamos a compartir la de Zelenski. Una Apertura que utiliza con dos objetivos diferentes, compatibles y efectivos. El objetivo de la Apertura es que el cerebro se conecte en los primeros segundos de nuestra comunicación con el orador. Por eso en el Método Presentac10n desaconsejo esas introducciones largas en el comienzo de nuestras presentaciones y que en tantas ocasiones generan desconexión con nuestros interlocutores.

Apertura
Pregunta

En los primeros veinte segundos de esta intervención, Volodímir Zelenski lanza estas dos preguntas a su audiencia:

¿Cómo detener la guerra? ¿Cómo devolver la paz a nuestro estado?

Siempre que lanzamos una pregunta se produce un primer gran efecto cognitivo en el cerebro de nuestro interlocutor. Se conecta porque busca la respuesta.

Y es aquí donde entra el segundo escenario, tan válido en muchas de nuestras comunicaciones. Planteo la pregunta para ofrecer las posibles respuestas, las soluciones, los caminos que invito a tomar a mi audiencia para responder a esas preguntas.

He destacado esta primera apertura por ser la primera en la línea del tiempo del discurso de Zelenski. Esta toca a la parte cognitiva. Hace un instante hablábamos del poder de la Apertura desde el punto de vista cognitivo, de impacto y emocional.

Dicho esto, justo después entra la Apertura que para mí marca el poder de conexión a otro nivel con la audiencia a la que se dirige. Vamos con ella.

Apertura
Historia personal

Siempre que queremos buscar la conexión emocional con nuestras audiencias las historias personales son un seguro en comunicación. Bien planteadas, bien compartidas, sin estridencias ni exageraciones. Compartir una historia personal ayuda a aterrizar una visión de un hecho de forma mucho más cercana que si la contamos desde una perspectiva abstracta, conceptual. La audiencia, además, la recibe con mayor impacto.

Siempre que compartamos una historia para fortalecer el mensaje principal que queramos compartir irá directo al hemisferio derecho del cerebro. Y se conectará con el inconsciente. Por esta razón el arte de contar historias es una de las técnicas de comunicación más poderosas entre los seres humanos.

Toda comunicación debe tener elementos, palabras, mensajes, cifras, dirigidos al hemisferio izquierdo del cerebro, y también claves que van directas al hemisferio derecho del cerebro, al cerebro que nos conecta con la emoción.

Zelenski elige ese camino en el inicio de su discurso y lo hace compartiendo historias personales. Pone nombre, cara, ojos, vivencias a los hechos que se están produciendo.

El presidente fotografía el contexto con todo detalle, con la minuciosidad que exige una introducción a una historia que busca termine siendo una historia que toque a tu audiencia.

"El 9 de marzo, las bombas rusas cayeron sobre un hospital infantil y una maternidad en nuestra ciudad de Mariupol.

Había gente en la maternidad sobre la que los rusos lanzaron bombas. Había mujeres de parto. La mayoría se salvó. Algunas resultaron gravemente heridas".

Es entonces cuando Zelenski comparte historias personales.

Primera historia personal:

"A una mujer le tuvieron que amputar el pie, ya que estaba completamente destrozado".

Segunda historia personal:

"Y otra mujer... Tenía la pelvis destrozada. Su hijo murió antes de nacer. Los médicos trataron de salvar a la mujer. Lucharon por su vida. Pero ella rogó a los médicos por su muerte. Suplicó que la dejaran, que no la ayudaran. Porque ella no sabía para qué vivir. Lucharon. Ella murió".

Esta segunda historia es especialmente relevante porque después la recuperará en parte del discurso. Volverá sobre ella para fortalecer el impacto y la emoción asociada a una historia que ha sido escuchada minutos antes por parte de tu audiencia. Se recupera la emoción asociada a una historia personal que me han compartido conmigo hace unos minutos.

Establece en parte, en formato pincelada, la clave del hilo conductor.

Es verdad que no con el peso y la intención extraordinaria que puso cuando habló ante el Bundestag. Aquí recupera la historia en un momento determinado después de haberla compartido.

¿Cuántos líderes no son capaces de generar una conexión emocional con sus audiencias? ¿Cuántos managers, profesionales, CEOS, personalidades, directivos, emprendedores, jefes de equipo, pierden oportunidades de conectar de forma más profunda con las personas, con sus equipos, sus empleados, sus clientes, sus inversores?

La emoción forma parte de la biología del ser humano y en nuestra mano están, para crecer en ese liderazgo inspirado gracias a ciertos recursos, técnicas que luego desaparecerán en la espontaneidad, en la naturalidad de nuestra comunicación.

¿Por qué el líder de los ucranianos está conectando de forma diferente?

La respuesta está en todos y cada uno de los recursos que ha puesto en escena en sus comunicaciones. Existe un denominador en todas sus intervenciones: la emoción.

Al principio del libro quizá valoraste como un atrevimiento, o no, que llamara a Zelenski, "El Churchill de este S.XXI".

Poniendo esta frase en contexto y a estas alturas del libro seguro que todos coincidimos en que muchos parámetros acercan esa comparación a lo que queremos trasladar con ella. Los caminos de Churchill y Zelenski son muy parecidos. A los dos les une un uso preciso de las palabras. A los dos les une la intención de inspirar, de motivar. A los dos les une la capacidad para compartir ideas principales con éxito. Desde la perspectiva de un liderazgo inspirado, de cómo construye los mensajes, de cómo inspira a sus ciudadanos en una situación tan extrema y de cómo trabaja ideas principales para que queden de forma exitosa en sus discursos, caminos parecidos les unen.

Llegamos al ecuador de nuestro viaje. Es momento de compartir una segunda afirmación. ¿Tan atrevida como la primera?

"Desde Barack Obama ningún líder político había puesto en escena un liderazgo tan cautivador, emocional y empático".

Y ahora seguro que también coincidimos, ¿verdad?

Discurso de Zelenski. Francia

"Había mujeres de parto. Una rogó a los médicos por su muerte"

Máxime cuando hablamos de un líder que era un total desconocido desde la perspectiva de comunicación pública para millones de personas en el mundo. Ya no lo es después de un mes y medio. Hablamos de Ucrania un país que no había exhibido continuamente a su presidente en todas las televisiones del mundo.

Un líder además que no habla en inglés de forma habitual.

Es importante resaltar este punto porque a nosotros con llega una comunicación más cercana gracias a la sonoridad y conocimiento que tenemos de muchas palabras en inglés. Algo que no nos sucede con el ucraniano. Doble mérito por tanto por su capacidad para conectar con un idioma "lejano" para el oído de muchas personas en el mundo.

Con todos estos retos se ha presentado al mundo Volodímir Zelenski en la mayor exhibición de comunicación pública en poco tiempo en los escenarios más importantes del mundo y dirigiéndose a la mayoría de países e instituciones más relevantes del planeta. Sólo en el primer mes desde que comenzara la invasión de Rusia, Zelenski ya se había dirigido por ejemplo a los pueblos de: Reino Unido, Canadá, Estados Unidos, Alemania Israel, Italia, Francia, Japón, Suecia, Noruega España y muchos otros.

Se había dirigido a los máximos representantes de los países en la Unión Europa y la OTAN.

Cuando estés leyendo este libro posiblemente se haya dirigido a muchas más audiencias.

Barack Obama 2011
Zelenski 2022

"Desde Barack Obama ningún líder político había puesto en escena un liderazgo tan cautivador, emocional y empático".

Muchas personas comentaron tiempo atrás que los discursos de Obama recordaban al estilo de Martin Luther King Jr. Y en muchas ocasiones hay una coincidencia a la hora de señalar a Obama como uno de los mejores oradores de este tiempo y con un carisma y liderazgo indiscutible. Y en esto pueden coincidir quienes no piensen como él si solo analizamos la figura de Obama desde esta perspectiva.

He disfrutado, aprendido y crecido analizando los discursos más importantes de Obama y las tácticas de liderazgo carismático que están detrás. Una de mis aportaciones a la sociedad, al mundo de la empresa es, está siendo, por ejemplo, compartir esas tácticas con profesionales de todo el mundo. Todos podemos crecer en ese liderazgo carismático y en ese poder de conexión con otros seres humanos gracias a técnicas que han utilizado las grandes comunicadoras y los grandes comunicadores.

¿Acaso no querríamos conectar con el mismo poder de persuasión de Obama? ¿Y que los demás nos perciban como un líder optimista, empático y cercano?

Todos podemos aprender de los grandes líderes, algo que seguro ha inspirado a Zelenski. Cuando apareció el estilo Obama, muchos echaron la mirada atrás y veían claves, entre otros, de los Kennedy y de Martin Luther King Jr.

Si ahora analizamos la comunicación de Zelenski y echamos la mirada atrás, también podemos encontrar claves, recursos, tácticas que seguro han inspirado al líder ucraniano en ese camino de una comunicación emocional y cercana. Esto explica al carisma con el que se ha presentado al mundo.

Esto sucede y de forma muy especial en este discurso, en comparación con algunos otros en esta prolífica aparición discursiva del dirigente ucraniano en el panorama internacional desde que comenzara la invasión de Rusia.

Es momento de irnos al año 2011 de la mano de Barack Obama para visualizar que hizo entonces el presidente de Estados Unidos. Obama pronunció un discurso nueve días después de un tiroteo que se produjo en el estacionamiento de un supermercado Safeway en Casas Adobes, cerca de Tucson, Estados Unidos.

En ese tiroteo murieron 6 personas, entre ellas el juez federal John McCarthy. Dieciocho personas resultaron heridas.

Barack Obama

12 Enero de 2011

Discurso del Presidente en la ceremonia de las víctimas del tiroteo de Tucson, Arizona

En este discurso Barack Obama dejó varios momentos, muy emocionantes, donde se detuvo en las historias personales.

Primera historia personal:

"El juez John Roll trabajó para nuestro sistema judicial durante casi cuarenta años (Aplausos) Titulado por esta universidad y por su facultad de derecho (Aplausos), el juez Roll fue recomendado para el tribunal federal por John McCain hace veinte años (Aplausos), recibió el nombramiento del presidente George W.Bush y llegó a ser el presidente del tribunal federal de Arizona (Aplausos).

Sus colegas lo describían como el juez más trabajador del Noveno Circuito. Volvía a casa después de asistir a misa, como hacía cada día, cuando decidió detenerse para saludar a un congresista. John deja una esposa, Maureen, tres hijos y cinco hermosos nietos. (Aplausos)".

Segunda historia personal:

"George y Dorothy Morris, Dot para sus amigos, se hicieron novios en el instituto, se casaron y tuvieron dos hijas. Lo hacían todo juntos, como recorrer las carreteras en su autocaravana, y disfrutaban de lo que sus amigos llamaban una luna de miel de cincuenta años. El Sábado se acercaron al supermercado Safeway para oir lo que su congresista tenía que decir. Al empezar el tiroteo, George, antiguo marine, instintivamente trató de proteger a su mujer (Aplausos). Ambos fueron alcanzados. Dot perdió la vida"."

He querido compartir dos de las historias personales, y hay varias más en este discurso de Obama.

Cómo aplicar las técnicas en tus presentaciones, en tus comunicaciones, en tus discursos

— Evita las introducciones largas y tediosas en tu presentación. Comienza con una apertura que busque conectar con el cerebro. Que el cerebro diga "Quiero saber más de lo que va después". La pregunta es una opción. Si planteas una pregunta o varias, ofrece luego las respuestas a esa pregunta que has planteado.

— Comparte una historia personal, o varias. Asegúrate que fortalecen el mensaje principal de tu presentación que aporta valor y lo más importante, que conecta desde la emoción.

— Recupera la historia que tu audiencia escuchó hace unos minutos. Vuelve sobre ella para cerrar un bloque de contenido de tu discurso. La audiencia recuperará la emoción que esa historia le produjo minutos atrás. Volverás a conectar.

— Las personas no conectamos con la información (hemisferio izquierdo), conectamos con la emoción (hemisferio derecho). Planteémonos si en nuestras comunicaciones debemos tocar los dos hemisferios. Una historia personal cumple con esa misión.

— Y un punto más. Cualquier información conceptual, compleja, abstracta y distante, se convertirá en más cercana y se vivirá de forma diferente por parte de tu audiencia gracias a la conexión emocional que aporta una historia personal. En muchas cosas no ponemos nombres y apellidos, cara y ojos, a las personas a las que va destinado nuestro producto, nuestra idea, nuestra propuesta de cambio.

23 de Marzo de 2022

Discurso del Presidente de Ucrania Volodímir Zelenski en el Parlamento de Japón

1449 palabras

12 minutos

"Cada uno de ustedes
sabe lo que es Chernóbil"

¡Querido señor Hosoda!

¡Estimada Sra. Santō!

¡Señor primer ministro Kishida!

¡Distinguidos miembros del Parlamento japonés!

¡Estimado pueblo japonés!

Es un gran honor para mí, el Presidente de Ucrania, dirigirme a ustedes por primera vez en la historia del Parlamento japonés.

Nuestras capitales están separadas por una distancia de 8 mil 193 kilómetros. Como promedio, son 15 horas de avión. Dependiendo de la ruta. Pero, ¿cuál es la distancia entre nuestros sentimientos de libertad? ¿Entre nuestros deseos de vivir? ¿Entre nuestras aspiraciones de paz?

El 24 de febrero, no vi ninguna distancia. Ni siquiera un milímetro entre nuestras capitales. Ni siquiera un segundo entre nuestros sentimientos. Porque ustedes acudieron a nuestra ayuda de forma inmediata. Y les estoy agradecido por ello.

Cuando Rusia destruyó la paz para toda Ucrania, inmediatamente vimos que el mundo está realmente en contra de la guerra. Verdaderamente a favor de la libertad. Verdaderamente a favor de la seguridad mundial. Verdaderamente a favor del desarrollo armonioso de toda sociedad.

Japón se ha convertido en el líder de esta postura en Asia. Inmediatamente comenzaron a trabajar para detener esta brutal guerra iniciada por la Federación Rusa. Inmediatamente empezaron a trabajar a favor de la paz en Ucrania. Por lo tanto, en Europa. Y esto es realmente muy importante. Es importante para toda persona sobre la Tierra. Porque sin la paz para Ucrania, ninguna persona en el mundo podrá mirar al futuro con confianza.

Cada uno de ustedes sabe lo que es Chernóbil. La central nuclear en Ucrania, donde se produjo una fuerte explosión en 1986. La emisión de radiación Las consecuencias de la cual se han registrado en distintas zonas del planeta. El área de 30 kilómetros alrededor de la central de Chernóbil sigue cerrada.

Es peligrosa. Durante la eliminación de las consecuencias de la explosión en la estación, miles de toneladas de materiales contaminados, escombros y coches fueron depositados en los bosques de la zona cerrada. En el suelo sin más.

El 24 de febrero, los vehículos blindados rusos pasaron por este terreno. Levantando polvo radiactivo en el aire. La estación de Chernóbil fue capturada. Por la fuerza, por las armas.

Imagínense una central nuclear en la que se ha producido una catástrofe. Un confinamiento que encierra el reactor destrozado. La instalación de almacenamiento de residuos nucleares operativo. Rusia ha convertido esta instalación en un escenario de guerra también. Y Rusia está utilizando este territorio de 30 kilómetros, esta zona cerrada, para preparar nuevos ataques contra nuestras fuerzas de defensa.

Se necesitarán años después de que las tropas rusas abandonen Ucrania para investigar los daños que han causado en Chernóbil. Qué lugares de eliminación de materiales radiactivos fueron dañados. Y cómo se extendió el polvo radiactivo en el planeta.

¡Señoras y caballeros!

¡Hay cuatro centrales nucleares en funcionamiento en nuestra tierra! Son 15 unidades nucleares. Y todas están bajo amenaza. Las tropas rusas ya han disparado desde sus tanques contra la central nuclear de Zaporiyia la más grande de Europa. Los combates han dañado centenares de centrales, muchas de ellas especialmente peligrosas. Los bombardeos amenazan los gasoductos y oleoductos. Las minas de carbón.

El otro día, las tropas rusas también dispararon contra una planta química en la región ucraniana de Sumy. Hubo una fuga de amoníaco. Estamos advertidos de posibles ataques químicos, en particular con el uso de sarín. Al igual que ocurrió en Siria.

Y uno de los principales temas de discusión de los políticos del mundo es la cuestión: cómo reaccionar si Rusia también utiliza armas nucleares. Cualquier confianza de cualquier persona en el mundo, cualquier país está completamente destruida.

Nuestros militares llevan ya 28 días defendiendo heroicamente a Ucrania. Veintiocho días de invasión a gran escala del estado más grande del mundo. Pero no el más grande en potencial. No el más influyente. Y el más pequeño desde el punto de vista moral.

Rusia ha utilizado más de mil misiles contra ciudades pacíficas de Ucrania. Innumerables bombas. Las tropas rusas destruyeron docenas de nuestras ciudades. Algunas fueron incendiadas hasta los cimientos. En muchas ciudades y pueblos que han caído bajo la ocupación rusa, nuestra gente ni siquiera puede enterrar con dignidad a sus familiares, amigos y vecinos asesinados. Tienen que enterrarlos en los patios de las casas rotas, cerca de las carreteras, en cualquier lugar donde sea posible...

Miles de personas fueron asesinadas, entre ellas 121 niños.

Cerca de 9 millones de ucranianos se vieron obligados a abandonar su hogar, sus lugares de origen, huyendo de las tropas rusas. Nuestros territorios del norte, del este y del sur se están quedando vacíos, porque la gente huye de esta amenaza mortal.

Rusia ha bloqueado incluso el mar para nosotros. Las rutas comerciales habituales. Mostrando a otros agresores potenciales del mundo cómo presionar a las naciones libres bloqueando la navegación marítima.

¡Señoras y caballeros!

Hoy en día, son Ucrania, los estados asociados y nuestra coalición antibélica los que pueden garantizar que la seguridad mundial no se extermine por completo. Que en el mundo habrá un asidero de apoyo para la libertad de las naciones. Para las personas y para la preservación de la diversidad en las sociedades. Para la seguridad de las fronteras. Para que nosotros, nuestros hijos, nuestros nietos sigan teniendo paz.

Ya ven que las instituciones internacionales no han funcionado. Ni siquiera la ONU y el Consejo de Seguridad... ¿Qué pueden hacer? Necesitan una reforma. Necesitan una inyección de honestidad. Para ser eficaces. Para decidir e influir de verdad, no sólo hablar.

Debido a la guerra de Rusia contra Ucrania, el mundo está desestabilizado. El mundo está al borde de muchas nuevas crisis. ¿Y quién sabe ahora cómo será el mañana?

Las turbulencias en los mercados mundiales son un problema para todos los países que dependen de la importación de materias primas. Los retos medioambientales y alimentarios no tienen precedentes. Y lo más importante, ahora se está decidiendo si todos los agresores del planeta -explícitos y potenciales- se convencerán de que la guerra que han librado los lleve a un castigo tan fuerte que no deberían iniciar una guerra. Que no deben destruir el mundo. Y es absolutamente lógico y correcto que los estados responsables se unan para proteger la paz.

Agradezco a su estado su postura fundada en principios en un momento tan histórico. Por la ayuda real a Ucrania. Ustedes fueron los primeros en Asia en presionar realmente a Rusia para que restablezca la paz. Que apoyaron las sanciones contra Rusia. Y les insto a seguir haciéndolo.

Hago un llamamiento a la unión de esfuerzos de los países asiáticos, sus socios, para estabilizar la situación. Para que Rusia busque la paz. Y que detenga el tsunami de su brutal invasión de nuestro estado, Ucrania. Es necesario imponer un embargo al comercio con Rusia. Es necesario retirar las empresas del mercado ruso para que el dinero no vaya al ejército ruso. Es necesario ayudar a nuestro estado, a nuestros defensores, a nuestros soldados que están conteniendo a las tropas rusas aún más. Es necesario empezar a pensar ya en la reconstrucción de Ucrania. En el retorno de la vida a las ciudades destrozadas por Rusia y a los territorios devastados por ella.

La gente tiene que volver al lugar donde vivía. Donde crecieron. Donde sienten que es su hogar. Su patria chica.

Estoy seguro de que entienden este sentimiento. Esta necesidad. La necesidad de volver a su tierra.

Necesitamos desarrollar nuevas garantías de seguridad. Para que sea posible actuar de forma preventiva y contundente cada vez que haya una amenaza para la paz.

¿Es posible hacer esto sobre la base de las estructuras internacionales existentes? Después de una guerra así, definitivamente no. Tenemos que crear nuevas herramientas. Nuevas garantías. Que funcionen de forma preventiva y contundente contra cualquier agresión. Que sean realmente útiles. El liderazgo de Japón puede ser indispensable en su desarrollo. Para Ucrania, para el mundo. Se lo ofrezco.

Para que el mundo pueda volver a sentirse confiado. Confiado en cómo será el mañana. Confiado en que el mañana llegará y será estable y pacífico. Para nosotros, para las generaciones futuras.

¡Señoras y caballeros!

¡Pueblo japonés!

Podemos hacer mucho junto a ustedes. Incluso más de lo que podemos imaginar.

Sé la historia brillante de desarrollo que tienen. Cómo son capaces de construir y defender la armonía. De seguir los principios y valorar la vida. De proteger el medio ambiente. Las raíces de esto se encuentran en su cultura. Que a los ucranianos les encanta de verdad. Mis palabras no son infundadas. Esto es realmente es cierto.

Ya en 2019, literalmente seis meses después de que me convirtiera en presidente de Ucrania, mi esposa Olena participó en un proyecto para niños con discapacidad visual. En el proyecto de creación de audiolibros. Y ella puso voz a los cuentos de hadas japoneses. En ucraniano. Porque son comprensibles para nosotros, para los niños. Y fue sólo una gota en el enorme mar de nuestra atención, la atención ucraniana, a sus logros.

Tenemos valores similares a los suyos a pesar de la enorme distancia entre nuestros países. Una distancia que en realidad no existe. Porque tenemos corazones igual de cálidos. Gracias a los esfuerzos conjuntos, gracias a una presión aún mayor sobre Rusia, alcanzaremos la paz. Y podremos reconstruir nuestro país. Reformar las instituciones internacionales.

Estoy seguro de que Japón estará con nosotros entonces, al igual que ahora. En nuestra coalición contra la guerra. En este momento crucial para todos nosotros.

¡Gracias!

¡Arigato gozaimasu!

¡Gloria a Ucrania!

¡Gloria a Japón!

Los secretos de su comunicación

La emoción de tu audiencia

El discurso ante el Parlamento de Japón sigue un planteamiento de comunicación muy diferente a otros que hemos visto. En este caso, la línea argumental con la que quiere impactar a los japoneses es una. La amenaza nuclear. Zelenski basa todo su hilo conductor en la amenaza nuclear que supone Rusia, no sólo para Ucrania, sino para el mundo, un mundo del que forma parte Japón.

Desde el punto de vista del discurso, el líder de los ucranianos quiere acercar la tragedia de Ucrania lo más posible a la emoción de los japoneses, donde más les puede tocar. Y es justo en esa amenaza nuclear. Por eso invierte un buen tiempo en este discurso en recordar, con detalle, lo que supuso la tragedia de Chernóbil. Y entra en detalle de todo lo que los rusos están haciendo en Chernóbil y cómo podría afectar al mundo.

Lo que busca Zelenski es sencillo, conectar lo que está sucediendo en Ucrania, con Chernóbil y la amenaza nuclear de fondo, con la tragedia más importante sufrida por Japón desde la Segunda Guerra Mundial. El accidente nuclear de Fukushima en el año 2011 provocado por un tsunami.

Es en este momento cuando de verdad se produce una conexión emocional con la audiencia a la que te diriges. La emoción entra en juego y de qué forma. Tanto es así que un discurso sin la referencia a la amenaza nuclear ante esta audiencia tendría mucho menos peso emocional, o ninguno.

El dirigente consigue multiplicar el efecto que consigue su comunicación apelando a los sentimientos, a las vivencias, al imaginario de todos los presentes. Cada vez que habla de Chernóbil y de la amenaza nuclear los japoneses están sintiendo Fukushima.

Como veremos y para crecer como comunicadores siempre existe un paso previo, preguntarse quién es mi audiencia. Esta misma elección, la de Chernóbil y la amenaza nuclear no tendrían el mismo poder ante otro público. Zelenski lo sabe y por eso lo comparte.

Otra audiencia podría preguntarse internamente, o imaginarse lo que significa o podría significar una amenaza nuclear. Acudir a su conocimiento o imágenes que sustancien esta situación. En el caso de los japoneses es bien diferente, lo han vivido, lo han sufrido.

El presidente de Ucrania no tarda en entrar de lleno en la esencia de su intervención ante los japoneses y de pronunciar por primera vez la palabra clave.

"Cada uno de ustedes sabe lo que es Chernóbil. Central nuclear en Ucrania, donde se produjo una fuerte explosión en 1986. Liberación de radiación. cuyas consecuencias se han registrado en diferentes partes del planeta. La zona de 30 kilómetros alrededor de la central de Chernóbil sigue cerrada. Es peligrosa".

En varias ocasiones pronuncia la palabra clave, Chernóbil, es la palabra que transportará a su audiencia a Fukushima de forma automática. Una vez más, y vemos que forma parte de su manual de estilo desde que comenzó la invasión de Ucrania por parte de Rusia, que apela a la emoción para conectar con su interlocutor. Sus comunicaciones no son frías, distantes, conceptuales como en tantas ocasiones vemos en los lideres políticos y en otros ámbitos. La emoción juega un papel vital para conectar con personas.

Lo que también vemos es cómo en su trabajo previo de analizar a quién dirige su comunicación mantiene este manual de estilo con pinceladas diferentes. Me explico.

En este discurso de Volodímir Zelenski ¿Cuántas veces pronuncia la palabra Fukushima? En cero ocasiones. El presidente ucraniano muestra respeto a una tradicional audiencia japonesa. No quiere utilizar la tragedia de forma directa para causar impacto emocional. Prefiere invitarle a ese viaje de forma indirecta desde la técnica, con las palabras exactas que despierten la emoción correspondiente. Chernóbil es una de ellas.

La emoción de tu audiencia
Detener el tsunami

No pronuncia la palabra Fukushima y sí pronuncia la palabra Chernobyl, la palabra amenaza y la palabra nuclear Son palabras que se repiten en su discurso para fortalecer el mensaje principal.

Es muy sutil en otro de los momentos de comunicación cuando Zelenski dice lo siguiente al parlamento japonés:

"Pido la unión de esfuerzos de los países asiáticos, sus socios, para estabilizar la situación. Para que Rusia busque la paz. Y detenga el tsunami de su brutal invasión de nuestro Estado, Ucrania".

Esa palabra no sólo comparte un pensamiento con la audiencia, en esta ocasión transforma ese pensamiento en una poderosa imagen mental. Dota de una carga emocional tremenda a lo que está compartiendo. Esa palabra tiene una carga emocional muy especial para los japoneses que les transporta a Fukushima. Así es donde quiere el presidente de Ucrania generar todo el impacto emocional posible. Y esa palabra suma en esa dirección.

La palabra tsunami significa mucho para los japoneses y está unida a la mayor tragedia vivida desde la Segunda Guerra Mundial en su país. En ese instante vuelve la emoción asociada a los momentos vividos ese seísmo de nueve grados en la escala de Richter que hizo temblar la tierra.

En todo momento la palabra tsunami se asocia, de forma directa, a la amenaza nuclear. El pueblo japonés sabe lo que significa y, ¡de qué manera!, una amenaza nuclear. El mensaje de Zelenski, centrado en esta clave, llega al cerebro y al corazón de su audiencia.

Por esta razón en este discurso de forma muy entregada su punto principal es la amenaza nuclear, por eso Chernóbil es el centro de su discurso. Si quieres que tu público se mueva a la acción tienes que tocarles en lo más profundo. Es importante definir qué clave puede marcar la diferencia. Lo que ante una audiencia funciona de forma única puede no tener sentido ante otra audiencia.

Historia personal
Cercanía

No es la primera vez que Volodímir Zelenski, en este despliegue de carisma y de comunicación de impacto sin precedentes en un líder de un país en tan poco tiempo, acude a la emoción. A la emoción que busca la conexión con las personas a través del poder de las historias humanas, de poner rostro al contenido del que se está hablando. Ha buscado esa conexión a través de la historia cronológica, el recorrido por las distintas paradas en coordenada temporal que nos fotografía muy bien una situación.

En esta ocasión acude al poder de la historia personal. La historia que más acerca al orador con su audiencia es aquella que es nuestra y que es compartida con cercanía y naturalidad con nuestro público. Una historia que tiene como objetivo sentirnos más cerca.

Me recuerda mucho ese momento del discurso del líder Ucraniano, a tantos momentos que nos dejó la administración Obama. Tanto Barack Obama como Michelle Obama han regado, y lo siguen haciendo, sus apariciones públicas de historias, de anécdotas personales que servían para fortalecer la idea principal que estaban compartiendo desde la cercanía. Una historia personal humaniza a la persona que la está contando. En el caso de la comunicación de líderes permite que les veamos un peldaño por debajo de ese podio, de ese púlpito que en ocasiones distancia más que acerca a nuestro público. Cuando comparten esa historia bajan por instantes de ese figurado púlpito para conectar a nuestro lado.

Y eso es lo que hace Zelenski en este discurso. Analizadas todas, todas las intervenciones públicas del líder de los ucranianos desde que comenzara la invasión de Ucrania es donde más y mejor se visualiza una historia personal que favorece esa conexión con la audiencia.

En este punto recordar que en este libro aparecen muchas de sus intervenciones desde que comenzó esa invasión, no todas. En este libro, Método Zelenski, cómo liderar desde la emoción, hemos puesto la mirada en todos los que estamos analizando juntos.

El presidente acude a una historia personal que une a su mujer con Japón en la parte final de su intervención. Es entonces cuando comparte lo siguiente:

"Ya en 2019, literalmente seis meses después de que me convirtiera en presidente de Ucrania, mi esposa Olena participó en un proyecto para niños con discapacidad visual. En el proyecto de creación de audiolibros. Y ella puso voz a los cuentos de hadas japoneses.

En ucraniano. Porque son comprensibles para nosotros, para los niños. Y fue sólo una gota en el enorme mar de nuestra atención, la atención ucraniana, a su logro".

Es una manera de unir, de estrechar lazos, de buscar puntos de conexión que las audiencias reciben exactamente así. Es probable que muchísimas de las personas se acuerden de la historia personal de la mujer de Zelenski, de Olona. Y esa parte de su intervención cumplirá con su función de conectar.

En este momento recuerdo una frase de Maya Angelou, una escritora, poeta, cantante y activista por los derechos civiles estadounidenses. Es una frase que me acompaña en todos los procesos de crecimiento personal en liderazgo y comunicación de llevo a cabo. Esta frase aparece en más de una de las conferencias que ofrezco por el mundo. A muchas personas les ha inspirado y les inspira.

"La gente no se acordará de lo que dijiste, pero será imposible que se olvide de lo que les hiciste sentir"

-Maya Angelou

Si de este discurso ante el Parlamento japonés no se olvidan de lo que sintieron cuando Zelenski hizo referencia a Chernobyl, a la amenaza nuclear, al tsunami.

Si de este discurso ante el parlamento japonés no se olvidan de la historia de Olona, ya habrá conseguido mucho más que muchos líderes que no conectan con la emoción.

No olvidemos que, al lado de la emoción, de la mano, nos acompañarán todos esos mensajes que queremos compartir. Siempre llegarán de forma más memorable y perdurarán en el tiempo.

Cómo aplicar las técnicas en tus presentaciones, en tus comunicaciones, en tus discursos

— Después de preguntarte quién es tu audiencia, paso previo fundamental, elige por qué flanco quieres abordar el tema principal. Elige de todos los argumentos posibles uno de ellos. Fortalece uno de ellos, céntrate en éste y conviértelo en el eje de tu presentación.

— Toca la emoción de tu audiencia desde el respeto y el conocimiento de cuál es su sensibilidad respecto al tema del que vas a hablar.

— Es bueno no pasarse de frenada buscando el impacto. Ante una audiencia japonesa no es lo mismo evocar Fukushima de forma directa, que la amenaza nuclear de forma indirecta.

— Valora si contar una historia suma en esa presentación. Los seres humanos estamos diseñados para recibir y entender y sentir las historias. De todas las historias que buscan el objetivo de conectar con las audiencias, la historia personal es la más poderosa. ¿Tienes una historia personal que te conecta con tu audiencia? ¿Esa historia personal fortalece el mensaje principal? Adelante.

— No tengo una historia personal. Ningún problema. Seguro que hay alguna historia que cumpla esa misión. Seguro que puedes acudir a algún hecho histórico, momento, historia cercana, o historia de persona relevante que potencia el mensaje principal de forma única. Adelante.

— La historia es una técnica de comunicación tan poderosa que toca los tres niveles de aprendizaje. Una historia la escuchamos, la vemos (imaginamos, visualizamos) y la sentimos. ¿Se puede pedir más?

24 de Marzo de 2022

Discurso del Presidente Volodímir Zelenski en la histórica Cumbre de la OTAN

1193 palabras

9 minutos

"No escuchamos una respuesta clara"

¡Estimados asistentes!

Me dirijo a ustedes desde Kiev, nuestra capital, que ya lleva un mes de lucha, al igual que todo nuestro Estado.

Sí, es cierto - no estamos dentro de la Alianza. No estamos dentro de la unión de defensa más poderosa del mundo. No somos uno de los 30 estados bajo el paraguas de la protección conjunta. Bajo el paraguas del artículo 5. Sentimos como si estuviéramos en la "zona gris". Entre Occidente y Rusia. Pero defendemos todos nuestros valores comunes. Y somos gente inteligente. ¡Y llevamos un mes defendiendo todos estos valores!

Un mes de resistencia heroica. Un mes de los más oscuros sufrimientos.

Un mes de la destrucción impune del Estado pacífico, y con él, de toda la arquitectura de la seguridad mundial. Todo esto está ante los ojos del mundo entero.

Durante décadas, Rusia ha acumulado considerables recursos, recursos militares, mano de obra y equipos, bombas aéreas, misiles.

Invirtieron dinero a lo loco en la muerte mientras el mundo invertía en la vida. Pero Ucrania se resiste con valentía. A costa de miles de vidas. A costa de ciudades destruidas. A costa de casi diez millones de emigrantes. Tres millones y medio de ellos ya están en sus territorios, en los territorios de los países de la OTAN. Agradezco el apoyo de estas personas. Y la gente, por desgracia, sigue abandonando sus hogares. Huyen del terror que trajeron los ocupantes.

Las primeras horas de la invasión supusieron para nosotros brutales ataques con misiles. Durante el mes que duró la guerra, Rusia disparó más de mil misiles diferentes contra nuestras ciudades. Realizó cientos de ataques aéreos.

El 24 de febrero, me dirigí a ustedes con una petición perfectamente clara y lógica para que ayudaran a cerrar nuestros cielos. Con cualquier formato.

Proteger a nuestro pueblo de las bombas y misiles rusos. No escuchamos una respuesta clara. Ucrania no dispone de potentes armas antimisiles y tiene una flota de aviones mucho menor que la de Rusia. Por lo tanto, su ventaja en el cielo equivale al uso de armas de destrucción masiva.

Y ya se ven las consecuencias hoy: cuántas personas murieron, cuántas ciudades pacíficas fueron destruidas.

El ejército ucraniano lleva un mes resistiendo en condiciones desiguales. Y yo llevo un mes repitiendo lo mismo. Para salvar a la gente y a nuestras ciudades, Ucrania necesita ayuda militar, sin restricciones. Al igual que Rusia utiliza sin restricciones todo su arsenal contra nosotros. Destruye a todo ser vivo. Cualquier objeto - desde casas hasta iglesias, desde almacenes de alimentos hasta universidades, desde puentes hasta hospitales.

Ucrania pidió sus aviones. Para que no perdamos a tanta gente. ¡Y ustedes tienen miles de aviones de combate! Pero aún no nos han dado ninguno.

Pedimos tanques. Para que podamos desbloquear nuestras ciudades que ahora se están muriendo - Mariupol, Berdyansk, Melitopol, otras. Ciudades en las que Rusia mantiene como rehenes a cientos de miles de personas y crea artificialmente la hambruna: no hay agua, no hay comida, no hay nada.

¡Tienen al menos 20.000 tanques! Ucrania pidió un porcentaje, el uno por ciento de todos sus tanques para que nos los dieran o vendieran. Pero aún no tenemos una respuesta clara... Lo peor de la guerra es no tener respuestas claras a las peticiones de ayuda.

Ucrania nunca quiso esta guerra. Y no quiere luchar durante años. Simplemente queremos salvar a nuestro pueblo. Queremos sobrevivir. ¡Simplemente sobrevivir! Como cualquier nación, tenemos derecho a ello. El derecho a la vida. El derecho a este uno por ciento.

Y no culpo a la OTAN, quiero ser claro. Ustedes no son los culpables. No son sus misiles, no son sus bombas las que están destruyendo nuestras ciudades. Esta mañana, por cierto, había bombas de fósforo. Bombas rusas de fósforo. De nuevo loa adultos fueron asesinados y de nuevo los niños fueron asesinados.

Discurso de Zelenski. OTAN

"No escuchamos una respuesta clara"

Sólo quiero que sepan que la Alianza todavía puede evitar la muerte de ucranianos por los ataques rusos, por la ocupación rusa, proporcionándonos todas las armas que necesitamos.

Sí, no estamos dentro de la Alianza. Y yo no lo reivindico. Pero los ucranianos nunca pensaron que la Alianza y los Aliados eran diferentes.

Que en cuestiones de vida o muerte pueden ser una fuerza por separado, pero juntos, no. Que la OTAN pueda temer miedo de las acciones de Rusia. Estoy seguro de que ya entienden que Rusia no tiene intención de parar en Ucrania. No tiene intención ni lo hará. Quiere ir más allá.

Contra los miembros orientales de la OTAN. Los países bálticos, Polonia... eso es seguro. ¿Dejará entonces la OTAN de pensar en ello, de preocuparse por la reacción de Rusia? ¿Quién puede estar seguro de eso? ¿Y tiene confianza en que el artículo 5 pueda funcionar?

"Budapest" no ha funcionado ya para nosotros. Nuestro Memorándum de Budapest. No ha funcionado para la paz en Ucrania.

Y les diré sinceramente - hoy Budapest no está trabajando para la paz en Ucrania también. Sí, recibimos ayuda de miembros individuales de la Alianza. Estoy muy agradecido. Los ucranianos estamos sinceramente agradecidos por ello. A cada uno de ustedes que da lo que tiene, apoyándonos.

¿Pero qué hay de la Alianza? La cuestión del artículo 5 es fundamental. Quiero que sepan lo opinamos al respecto. Y le deseo sinceramente que nos equivoquemos en nuestras apreciaciones y en nuestras dudas. Deseo sinceramente que tengan una Alianza muy fuerte. Porque si nos equivocamos, el mundo está a salvo. Pero si tenemos al menos un 1% de razón, les pido que reconsideren su actitud. Sus propias estimaciones. Y que se ocupen realmente de la seguridad, de la seguridad en Europa y, en consecuencia, en el mundo.

Pueden darnos el uno por ciento de todos sus aviones. El uno por ciento de todos sus tanques. ¡El uno por ciento! No podemos simplemente comprarlo. Un suministro de este tipo depende directamente y exclusivamente de las decisiones de la OTAN, de las decisiones políticas, por cierto.

Sistemas MLRS. Armas anti buque. Medios de defensa aérea. ¿Es posible sobrevivir a una guerra así sin él?

Así que cuando por fin esté disponible, nos dará a nosotros y a ustedes también, un cien por ciento de seguridad. Y la necesitamos. Y la única cosa que exijo de ustedes... Después de un mes así de guerra.

Discurso de Zelenski. OTAN

"No escuchamos una respuesta clara"

Esta es una petición por el bien de nuestros militares. Después de tal guerra contra Rusia ... Nunca, por favor, nunca más nos digan que nuestro ejército no cumpla con los criterios de la OTAN.

Hemos demostrado de qué son capaces nuestros criterios. Y lo mucho que podemos aportar a la seguridad común en Europa y en el mundo. De cuánto podemos hacer para proteger contra la agresión a todo lo que valoramos, a todo lo que ustedes valoran. Pero la OTAN aún tiene que demostrar lo que la Alianza puede hacer para salvar a la gente. Para demostrar que es realmente la unión de defensa más poderosa del mundo. Y el mundo está esperando. Y Ucrania está esperando mucho. Esperando acciones reales. Garantías reales de seguridad. De aquellos cuya palabra es digna de confianza. Y cuyas acciones pueden mantener la paz.

De verdad. Todas las ofertas están sobre la mesa. Nuestras necesidades están sobre la mesa. Necesitamos la paz inmediatamente. Las respuestas dependen de ustedes.

¡Estoy agradecido a los que nos ayudan! ¡Gracias!

¡Gloria a Ucrania!

Los secretos de su comunicación

Idea principal

No escuchamos una respuesta clara

En toda comunicación debemos dejar muy claro a nuestra audiencia cuál es nuestra idea principal, siempre debe existir una por encima de todas las demás. Una idea en la que coincida todo nuestro público por numeroso que sea cuando termine nuestra presentación.

Es uno de los capítulos esenciales de mi primer libro "Habla Como Un Líder", Alienta 2019. Cómo construir una idea principal y hacerla grande.

Zelenski lo tiene muy claro, de hecho, en su conferencia en la cumbre de la OTAN hace especial énfasis en una idea principal que quiere quede en la audiencia de forma muy clara. También hay una segunda. En los dos casos bien estructurada y siguiendo la línea del Método Presentac10n que muchos conocéis.

Esta es la primera ocasión en la que el Presidente de Ucrania comparte la que será su idea principal.

"El 24 de febrero, me dirigí a ustedes con una petición perfectamente clara y lógica para que ayudaran a cerrar nuestros cielos. En cualquier formato.

Proteger a nuestro pueblo de las bombas y misiles rusos. No escuchamos una respuesta clara".

Siempre que queramos compartir una idea principal con éxito es imprescindible que la repitamos al menos una vez. Nuestra idea principal debería ser recibida por nuestro interlocutor entre dos y tres veces en una presentación, en una comunicación tipo de quince minutos.

Si esto no sucede nuestra audiencia puede elegir otra diferente. De esta forma estamos más cerca de garantizar que se lleven la que nosotros queremos.

Por esta razón Zelenski decide presentar de nuevo la idea principal cuando habla de la petición por parte de Ucrania de armamento, en este caso de tanques.

"¡Tienen al menos 20.000 tanques! Ucrania pidió un porcentaje, el uno por ciento de todos sus tanques para que nos los dieran o vendieran. Pero aún no tenemos una respuesta clara..."

Esta es la segunda ocasión en la que repite la idea principal para asegurar que los representantes de la OTAN reciben su mensaje. Idea principal trasladada.

Y para cerrar, el presidente acude a la esencia de esta idea principal para que sea lo último que escuchen.

En muchas ocasiones es vital llevar al cierre, a la última frase, al cierre de nuestra presentación, de nuestra comunicación la idea principal. Todos sabemos el peso que tiene en una comunicación lo último que escucha nuestra audiencia.

En ocasiones, ya lo hemos visto en el caso del mismo Zelenski, protagonista de este libro, que los "call to action" en las líneas finales de su intervención, las llamadas a la acción finales, se comportan como cierres poderosos.

También funcionan otro tipo de cierres para poner el broche de oro a una comunicación exitosa.

"Necesitamos la paz inmediatamente. Las respuestas dependen de ustedes".

Así finaliza una intervención, que tiene como objetivo dejar claro ante la OTAN y ante el mundo que, de momento, la OTAN no ha dado la respuesta que Ucrania merece, desde el punto de vista del presidente del país. Esa respuesta que se hace esperar cierra su intervención.

Idea principal
No estamos en la Alianza

Y como decíamos no es la única idea principal que comparte Zelenski en esta Cumbre de la OTAN. Destaco una segunda por su importancia y su relevancia en el contexto del discurso donde sí hace peticiones muy directas de ayuda, todas las posibles para defenderse de los ataques de Putin. Por un lado no duda señalar en de forma directa a la OTAN por lo que entiende un apoyo que no es suficiente. En otra parte del discurso sí agradece el apoyo.

El presidente insiste en "No estamos en la Alianza". En dos ocasiones.

Además, lo deja muy claro desde el mismísimo comienzo. Para que no haya dudas, en los diez primeros segundos pronuncia esta frase: "Sí, es cierto, no estamos en la Alianza"

Este es el punto clave, el punto fundamental que entiende frena todo el apoyo que considera necesario para su país por parte de la OTAN. Y lo deja claro desde el inicio. No será la única vez que comparta la idea principal. Para tener éxito debe decirla, por lo menos, en una segunda ocasión. Y así es. Minutos después vuelve a repetir la idea: "Sí, no estamos en la Alianza".

Las ideas de Zelenski quedan claras en la Audiencia.

Primero porque decide cuál debe ser la idea principal de su conferencia, algo que todos deberíamos preguntarnos antes de iniciar una comunicación, una presentación, un discurso.

Segundo porque decide cuál es y la repite por lo menos una vez más.

Una sugerencia que aporto de técnica en este sentido. En un Speech de máximo quince minutos podemos repetir una idea hasta en tres ocasiones máximo. Si nos excedemos en la repetición podemos causar el efecto contrario al que buscamos.

Es verdad también que dos grandes momentos de la comunicación de la historia, Martin Luther King J.R con su "Yo tengo un sueño" y Barack Obama con su "Yes we can" la pronunciaron en nueve y siete veces respectivamente. Dado el contexto y cómo se gestó cada una de las ideas, tuvo sentido y funcionó.

En nuestras comunicaciones habituales me cuesta encontrar una situación en la que se justifique una repetición tan excesiva.

Y un segundo truco que fortalecerá tu idea principal. Aquí vemos cómo el presidente de Ucrania también sigue este patrón.

No utilicemos sinónimos cuando queremos fortalecer una idea principal en un discurso. Mantengamos la idea intocable, con las mismas palabras una tras otra.

Si utilizamos sinónimos perderá gran fuerza y el valor cognitivo que aporta la repetición. Repetición es retención en el arte de la expresión oral.

La idea de Lincoln

Permitidme que ahondemos, de la mano de Zelenski y acompañados ahora de Abraham Lincoln del tremendo poder que tiene comunicar ideas con impacto, con éxito. Una idea bien planteada en un cajón no es nada si no es comunicada con éxito y toda tu audiencia se lleva la misma. Y muchos comunicadores lo han llevado a la práctica con éxito.

En Habla Como Un Líder destaqué esta historia y no me resisto a recuperar parte de sus claves fundamentales.

"Debería alegrarme si hubiera sido capaz de acercarme en dos horas a una idea central como usted lo hizo en sólo dos minutos" (Edward Everett, carta a Abraham Lincoln).

Unamos estas preguntas iniciales: ¿es efectivo contar muchas cosas?, ¿y emplear mucho tiempo en contarlas?, ¿cuántas ideas podemos compartir con nuestra audiencia?, ¿y cuántas de ellas se quedan en la audiencia?

La historia del discurso de Abraham Lincoln en Gettysburg responderá a todas ellas sin dejar lugar a duda sobre lo que funciona muy bien y lo que no funciona tan bien.

Entiendo, en este punto, que todos queréis ser efectivos, muy buenos comunicadores y lograr el objetivo de compartir vuestros mensajes con los interlocutores que corresponda.

En ese tiempo, Edward Everett era reconocido como el mejor orador de la época. Everett fue diplomático y político, y llegó a ser gobernador de su ciudad natal. También fue educador, un buen profesor de la Universidad de Harvard de la que luego fue también presidente.

Por una poderosa razón, por ser un gran orador, fue requerido como estrella invitada a la ceremonia de dedicación del Cementerio Nacional de Gettysburg en 1863.

La organización también sugirió invitar al presidente de Estados Unidos, Abraham Lincoln; su papel se acercaba más al del clásico telonero. El cantante principal era Edward Everett.

Pues bien. Everett intervino durante algo más de dos horas, dedicó unas trece mil palabras a su público. El mejor orador del momento se entregó a la causa de inspirar, persuadir y convencer. Su técnica elegida fue esa. (Ya estamos respondiendo a algunas de las preguntas sin tener todos los elementos.)

Sumemos la segunda parte de la historia, que resulta fundamental. Según se cuenta, Abraham Lincoln se preparó el Speech en un tren, y, además, estando aquejado de un proceso febril. Finalmente diseñó una breve presentación de algo menos de tres minutos.

Los dos, con idéntico objetivo, decidieron tomar caminos distintos. Más de 150 años después ha quedado en la memoria de todos, la célebre idea de Lincoln: «El gobierno del pueblo, por el pueblo y para el pueblo».

¿Y cuál fue la idea principal de Everett?, ¿tenía una idea principal?, ¿estaría camuflada entre los cientos de frases que lanzó al público?

Los dos comenzaron como oradores, y sólo uno terminó liderando su comunicación gracias a la idea principal. La que se convirtió en mensaje principal y memorable para todos los asistentes.

Tiempo después, Everett envió una carta a Lincoln diciéndole que, en su largo discurso, le habría gustado estar tan cerca de la idea central como el presidente de Estados Unidos lo estuvo en algo menos de tres minutos.

La cifra clave

Si tienes una cifra que quieres o que necesitas destacar por la razón que sea, lo podemos hacer de varias maneras. En este caso, ponemos el foco en el discurso ante la OTAN en una cifra por su paralelismo con el formato de la idea principal.

Esta cifra está ligada a la esencia de la idea principal "No escuchamos una respuesta clara".

Zelenski comparte en más de una ocasión su petición principal de la que en ese momento destaca no ha recibido respuesta clara: uno por ciento. Esta es la cifra.

La cifra clave
Dos mensajes diferentes

En este caso, el presidente busca que su audiencia se lleve el peso de esa cifra, uno por ciento, en dos direcciones, que impacte por la carga del peso del mensaje que lleva gracias a sus dos mensajes implícitos. Ni que decir tiene que, en este discurso, la cifra destacada es una por encima de las demás y que la repite en más de una ocasión.

Veamos los dos mensajes en los que utiliza este uno por ciento, la cifra clave, para conseguir dos posicionamientos de mensajes diferentes:

Uno por ciento, primer mensaje.

"Deseo sinceramente que tengan una Alianza muy fuerte. Porque si nos equivocamos, el mundo está a salvo. Pero si tenemos al menos un uno por ciento de razón, les pido que reconsideren su actitud. Sus propias estimaciones.

Y que se ocupen realmente de la seguridad, de la seguridad en Europa y, en consecuencia, en el mundo".

Lo primero que busca Zelenski es que esa cifra construya en la mente de su audiencia el insignificante porcentaje de razón que debe tener para que la OTAN entienda que el conflicto llegará a los países europeos, que no afectará sólo a Ucrania.

Uno por ciento, segundo mensaje.

"Ucrania pidió un porcentaje, el uno por ciento de todos sus tanques para que nos los dieran o vendieran".

"Pueden darnos el uno por ciento de todos sus aviones. El uno por ciento de todos sus tanques. ¡El uno por ciento!"

Aquí el líder de Ucrania fotografía la petición, la gran petición. Como suele hacer en discursos que ya hemos analizado, no hace peticiones genéricas o difíciles de traducir para la otra parte. Por cierto, un recurso que todos podríamos incorporar en nuestras comunicaciones de empresa para multiplicar la efectividad en nuestra comunicación.

Zelenski repite por dos veces la cifra clave, uno por ciento.

La petición a la OTAN es directa, sencilla, se resume en una sola cifra, no en decenas de ellas como muchas veces vemos en muchas presentaciones o discursos. Se centra en el uno por ciento y repite la cifra en dos ocasiones para fortalecer su petición. Pide que den a Ucrania el uno por ciento de los aviones y el uno por ciento de los tanques.

Al finalizar su intervención en la Cumbre de la OTAN, Zelenski quiere ser protagonista de una comunicación efectiva con unos mensajes claros, algo a lo que todo aspiramos.

¿Y qué es una comunicación efectiva?

Aquella que garantiza que tu interlocutor, tu público, tu audiencia se lleva los mensajes que tú quieres y no otros.

Lo que es seguro es que gracias a la buena utilización de la técnica de la idea principal y al posicionamiento de la cifra clave en el discurso de una forma óptima el éxito está garantizado.

Por un lado, las dos ideas principales en formato de interacción directa, de mensaje directo a todos los presentes, han llegado a todos sin excepción:

"No escuchamos una respuesta clara"

"No estamos en la Alianza"

Y por supuesto la principal petición con la cifra clave repetida en más de una ocasión:

"Si tenemos al menos un uno por ciento de razón..."

"El uno por ciento de todos sus tanques..."

"El uno por ciento de todos sus aviones..."

Cómo aplicar las técnicas en tus presentaciones, en tus comunicaciones, en tus discursos

— En quince minutos durante una de tus presentaciones repite tu idea principal en un máximo de tres ocasiones, no más
— Evita utilizar sinónimos en la idea principal. Presenta las mismas palabras, así garantizarás el efecto de permanencia cognitivo en el cerebro con idéntico peso.
— Y algo que en muchas presentaciones de empresa tiene margen de mejora, y también en muchos discursos políticos. Evita el aluvión de cifras, de números, estadísticas, de forma exagerada.
— Todas las cifras no pueden significar lo mismo. Destaca una por encima de las demás y que esa cumpla el papel de "cifra principal". Esa que consideres puede impactar, compartir el mensaje de forma clara, derribar la duda o la oposición de la audiencia. Si destacas una con ese peso diferente estarás más cerca del éxito.
— Por último en el análisis de técnicas que podemos llevarnos a nuestras comunicaciones te propongo lo siguiente. Piensa que tu audiencia sólo se va a llevar

una idea principal, tres secundarias y una cifra clave. Decide tu idea principal, la número uno. Planifica hasta 3 ideas secundarias que fortalezcan esa primera idea principal y elige una cifra. Si tu público se lleva estos mensajes ya se llevarán muchos más que muchos de tus competidores que no hacen este ejercicio antes de una comunicación de la que quieren conseguir resultados

24 de Marzo de 2022

Discurso del Presidente de Ucrania cuando se cumple un mes de la invasión de Rusia

454 palabras

3 minutos

"Es imposible que no ganemos esta guerra. Y así será"

¡Gente libre de nuestro país libre!

Ya es de noche, pero estamos trabajando. El país debe avanzar hacia la paz, avanzar.

Con cada día de nuestra defensa, estamos acercando la paz que necesitamos. Estamos acercando la victoria. Porque en esta guerra es simplemente imposible que no ganemos. Y así será. Y no podemos detenernos ni un minuto. Porque cada minuto tiene que ver con nuestro destino, con nuestro futuro. Con que vivimos o no.

El trigésimo día. ¡Ha pasado un mes! Si Rusia hubiera sabido que se enfrentaría a esto, estoy seguro de que habría tenido miedo de venir aquí.

Durante este mes, hemos resistido todas las direcciones principales de los ataques rusos. El mundo ha aplicado sanciones destructivas. Y estamos llegando a un acuerdo sobre otras nuevas.

Hoy he pronunciado algunos discursos importantes. A los participantes de la cumbre de la OTAN, de la cumbre del G7, a la cumbre de los líderes de la Unión Europea. Ante el Parlamento sueco. Todo esto en aras del apoyo a nuestro estado. Lo necesitamos para nuestra protección.

Hablé con el Presidente de Lituania, el Sr. Nausėda, el Primer Ministro de Israel Bennett y el Primer Ministro del Reino Unido Johnson.

Todo esto es para que Rusia entienda una cosa: hay que buscar la paz. Rusia también tiene que buscar la paz.

Le informé al presidente de Egipto sobre la situación actual.

Y hoy he firmado algunos decretos muy importantes.

Para la concesión del título de Héroe de Ucrania a siete militares de la Guardia Nacional, a cinco de ellos, por desgracia, a título póstumo.

También para la concesión de premios estatales a 240 militares de la Guardia Nacional de Ucrania y a 119 militares de las Fuerzas Armadas.

Para premios estatales a 14 jefes de comunidades locales, autoridades locales.

Para premios estatales a 31 trabajadores sanitarios.

Y para la concesión del título honorífico de "Ciudad Héroe de Ucrania" a otras cuatro ciudades: Bucha, Irpin, Okhtyrka, Mykolaiv.

Después de firmar estos decretos, sentí que realmente valdría la pena premiar y otorgar el título de héroe a millones y millones de nuestro pueblo. A vosotros, a todos los ucranianos que hacen todo lo posible por la victoria. Por la paz. En un lugar donde estéis.

Y os agradezco a todos y cada uno de vosotros. A todos y cada uno por este mes de gran lucha. Y, por supuesto, a nuestras Fuerzas Armadas, por supuesto, a la Guardia Nacional, a nuestros guardias fronterizos, a los médicos, al personal de rescate, a la defensa territorial, a los oficiales de reconocimiento, a los servicios especiales y a mucha, mucha gente, a los representantes de otras profesiones que nos salvan la vida. Que protegen nuestra Ucrania libre.

¡Gloria a todos nuestros héroes!

¡Gloria a todo nuestro pueblo!

¡Gloria a todos nosotros!

¡Gloria a Ucrania!

Los secretos de su comunicación

Menos es más

Es una de las claves mejor utilizadas por Zelenski cuando su discurso, su video, va dirigido a los ucranianos. En este caso destaca por unas comunicaciones muy breves. Este que comenzamos a analizar en este instante dura tres minutos. Y es algo importante porque gran parte de la efectividad hoy día en las comunicaciones pasan por el tiempo que empleemos en esa comunicación. Cada vez más son muchas las líderes y los líderes que optan por comunicaciones breves. Uno de los casos más interesantes en las comunicaciones que diferentes líderes pusieron en escena durante la pandemia fue el de Jacinda Ardern, la primera ministra de Nueva Zelanda. Entre seis y diez minutos eran suficientes para contar lo más importante, para compartir los mensajes principales y ser efectiva en comunicación. Son muchos los estudios que nos hablan sobre el tiempo máximo en el que un cerebro "está despierto" para recibir información. También sabemos cómo se ha reducido el spam de atención de las personas y la manera en la que el cerebro se comporta en este tiempo a la hora de digerir esa información: lo hacemos de forma muy rápida, con ideas clave y en pocos casos existe una profundización notable y una atención continuada relevante.

En el discurso político es también hoy un ingrediente de éxito y Volodímir Zelenski lo conoce. Hemos destacado esta estrategia que hemos llamado "menos es más" en este video dirigido a los ciudadanos de Ucrania por su especial brevedad, tres minutos. Es algo que se repite con esos parámetros en las comunicaciones a sus ciudadanos.

Discurso de Zelenski. 1 mes de invasión

"Es imposible que no ganemos esta guerra. Y así será"

También es verdad, que sí nos fijamos en todos los discursos que estamos analizando y de los que estamos extrayendo claves, recursos, tips, tácticas para hacer efectivas nuestras comunicaciones, vemos que ninguno dura más de dieciocho minutos.

Menos es más
John F. Kennedy
Martin Luther King J.R.

Esta es una de las máximas más importantes que comparto con mis clientes cuando llega la hora de decidir el tiempo que va a durar el discurso, la presentación que vamos a preparar : no más de 15-18 minutos.

Y no hago distingos, es una norma cuando acompaño a un candidato presidencial a preparar algunas de sus comunicaciones, a una CEO, a una directiva, a miembros de un comité de dirección o un emprendedor que quiere presentar su producto estrella. Siempre trabajamos en el entorno de ese tiempo. Es uno de los ingredientes del éxito.

La historia nos ha dejado varios momentos que fortalecen el éxito del tiempo en una presentación. Quiero compartir contigo amigo lector, porque te interesa este tema, dos de los más relevantes desde mi punto de vista.

El famoso "Nosotros Elegimos ir a la Luna" del Presidente John Fitgerald Kennedy pronunciado en la Universidad de Rice el 12 de Septiembre del año 1962. Ese discurso duró 17 minutos. En ese discurso JFK quiso poner sobre la mesa el gran desafío tecnológico de Estados Unidos, pisar por primera vez la Luna, y ganar en la carrera espacial a la Unión Soviética. Empleó 17 minutos en una de las comunicaciones más relevantes de su tiempo al frente de la Casa Blanca.

Y qué decir del "I have a Dream", del "Yo tengo un sueño" de Martin Luther King J.R.

El pastor empleó 16 minutos en uno de los discursos más reconocidos de todos los tiempos. No estuvo hablando treinta minutos, ni cuarenta, ni una hora.

El tiempo es y será uno de los ingredientes de éxito en nuestras comunicaciones, especialmente en este tiempo, porque nos dirigimos a personas que consumen la información de una forma mucho más rápida, y en muchos casos apoyada en información visual. Si entendemos que nos irá mejor utilizando estas coordenadas de tiempos, no volveremos a diseñar unas comunicaciones extensas.

Esto me invita a una reflexión final. Si todos deberíamos saber esto, especialmente las personas que constantemente protagonizan comunicaciones públicas, ¿Cómo se explica que todavía existan comunicaciones muy largas?

Líderes optimistas

Preferimos los líderes optimistas, siempre. Líderes que miran al presente y al futuro con optimismo, siempre. Y especialmente cuando se dan situaciones de dificultad, situaciones de crisis, situaciones muy complejas que invitan emocionalmente a justo lo contrario, a caer en un pesimismo profundo. Es aquí donde emerge con especial fuerza la personalidad de un líder optimista.

Vaya por delante que ser y ejercer de líder optimista en el factor humano del comunicador y en sus mensajes, no significa no dejar clara la realidad del momento que se está viviendo, fotografiar con toda la dureza que corresponda los acontecimientos. Eso también es necesario. Ser un líder optimista no significa inflar las visiones positivas de un futuro o vender humo. Y por supuesto ser un líder optimista no significa endulzar con palabras resonantes un mensaje sin un fondo de acción que potencie un optimismo verdadero.

Dejando claros estos parámetros, sí, preferimos a los líderes optimistas frente a los pesimistas. Y uno de sus grandes retos como comunicadoras, como comunicadores es inspirar, motivar a las personas y mostrar un camino de luz al que es posible llegar, a pesar de las dificultades en las que estemos inmersos, como organización, como empresa, como grupo, como pueblo, como ciudad o como país. Y es ahí donde aparecen los liderazgos verdaderos.

Destaco este punto como una de las claves importantes de Volodímir Zelenski, especialmente cuando se dirige a los suyos. No faltan referencias explícitas a mensajes positivos, a visiones de prosperidad. Todos estos mensajes los comparte, los construye con las personas a las que se dirige, por esta razón utiliza con frecuencia la primera persona del plural y "todo eso lo conseguimos y lo conseguiremos juntos".

"Es imposible que no ganemos esta guerra. Y así será. Y no podemos detenernos ni un minuto. Porque cada minuto tiene que ver con nuestro destino, con nuestro futuro. Sobre si vivimos o no".

Reconocimiento

Uno de los recursos mejor utilizados por las personas que lideran equipos, organizaciones y en este caso un País como Zelenski, es el reconocimiento.

Está demostrado que valorar a nuestros equipos, a las personas en las que se apoyan nuestros proyectos, a los profesionales que sacan adelante las ideas como equipo, funciona.

¿Y cómo funciona? La percepción que se tiene de la persona que está al frente como líder crece muchísimos enteros. En uno de los discursos que analizamos anteriormente pusimos la mirada en la ejemplaridad, un pilar clave en un liderazgo sostenible en el tiempo. Si además, unimos el concepto del reconocimiento, nuestro crecimiento en liderazgo desde la perspectiva de la percepción de los demás crecerá exponencialmente. Lo que logramos no lo consigue solo el líder, el ego se aleja de la ecuación para dar la bienvenida y reconocer el trabajo y el esfuerzo de las personas que suman en la dirección del mensaje y de la propuesta de acción que sugiere el líder.

Y para que funcione al 100%, sea positivo para la audiencia a la que nos dirigimos y fortalezca nuestra posición como líder inspirado, es hacer ese reconocimiento de forma pública. Pocas formas de valorar el desempeño, la actitud, la respuesta de esas personas es tan valiosa como el reconocimiento, y hacerlo público.

Y esto es algo que deberíamos incorporar en el ADN de las comunicaciones en nuestras organizaciones, en nuestras empresas y por supuesto en toda comunicación pública, que desde la honestidad, muchos servidores públicos pueden plantear en su estilo de comunicación

Zelenski lo hace en este discurso, es su principal recurso discursivo que se convierte en su principal objetivo, ese reconocimiento público.

"Y hoy he firmado algunos decretos muy importantes.

Sobre la concesión del título de Héroe de Ucrania a siete militares de la Guardia Nacional, a cinco de ellos, por desgracia, a título póstumo.

También sobre la concesión de premios estatales a 240 militares de la Guardia Nacional de Ucrania y a 119 militares de las Fuerzas Armadas.

Sobre las condecoraciones estatales a 14 jefes de comunidades locales, autoridades locales.

Sobre la concesión de premios estatales a 31 trabajadores médicos.

Y sobre la concesión del título honorífico de "Ciudad Héroe de Ucrania" a otras cuatro ciudades: Bucha, Irpin, Okhtyrka, Mykolaiv.

Después de firmar estos decretos, sentí que realmente valdría la pena premiar y otorgar el título de héroe a millones y millones de nuestro pueblo. A ustedes, a todos". los ucranianos que hacen todo lo posible por la victoria. Por la paz. En un lugar donde están.

Cómo aplicar las técnicas en tus presentaciones, en tus comunicaciones, en tus discursos

— Decide el tiempo que emplearás en tu presentación de empresa, en tu comunicación. Independientemente de la audiencia a la que te dirijas, del número de público y de la importancia del tema, se breve. Menos es Más. Ya sabemos que después de dieciocho minutos el cerebro cierra la puerta a más información. Sugerencia para tu éxito: que tu comunicación no dure más de quince minutos.

— ¿Y qué sucede si en ocasiones mis comunicaciones son de más de quince minutos? Pensemos en una presentación de una hora, vaya por delante que si podemos evitarlo lo haríamos. En este caso nos ponemos con ella y esta es la estrategia. Entrega esa presentación, ese discurso en cuatro bloques de 15 minutos, como si tratases de compartir 4 presentaciones de 15 minutos diferentes. Esta fragmentación ayudará desde el punto de vista cognitivo. Y el recurso clave, uno de ellos, para capturar la atención, es que en cada inicio de esas cuatro presentaciones inicies ese bloque de contenido con una apertura que capte la atención, rompa con lo anterior y conecte de nuevo con el cerebro de tu audiencia. Esta es una de las técnicas clave que comparto y desarrollo el libro "Habla Como Un Líder", la Apertura, y que destaco en las formaciones que llevo a cabo con profesionales y equipos directivos de diferentes empresas.

— Sé un líder optimista, pon en escena lo que llamo "Luz al final del Túnel" Por muy compleja que sea la situación fotografía un escenario positivo, siempre desde la veracidad y explicando siempre con rigor la dureza y situación del momento. Preferimos a los líderes optimistas.

— Siempre será bueno para tu equipo y para tu organización. Vuélcate en el reconocimiento del trabajo bien hecho, en el reconocimiento de la actitud, de la entrega de tus profesionales. A todos los que suman en el éxito del proyecto, hazles sentir parte del éxito. Es vital que este reconocimiento lo hagamos de forma pública. Y este reconocimiento, este es muy importante, es bueno de lo hagamos de forma pública. Nada fortalecerá más la cohesión de grupo. Lograrás además que la persona se sienta muy valorada y tu índice de liderazgo inspirado se disparará desde la perspectiva de percepción de los otros hacia ti.

31 de Marzo de 2022

Discurso del Presidente de Ucrania, Volodímir Zelenski, en el Parlamento australiano

1900 palabras

15 minutos

"Mriya" es el nombre de nuestro avión An-225.

"Mriya" es un sueño en inglés."

¡Distinguido Sr. Primer Ministro!

Estimado Sr. Presidente de la Cámara de Representantes

¡Estimado Sr. Presidente del Senado!

¡Estimado líder de la oposición!

¡Señoras y señores, miembros del gobierno, senadores y miembros del parlamento!

¡Pueblo australiano!

Gracias por el gran honor de hablarles hoy.

En mayo de 2016, miles de australianos se reunieron en el aeropuerto de Perth para ver por primera vez a la ucraniana "Mriya". "Mriya" es el nombre de nuestro avión An-225. "Mriya" es un sueño en inglés. Tras recorrer casi 15.000 kilómetros, entregó en Australia una carga urgente: un generador eléctrico de 130 toneladas, que su empresa necesitaba desesperadamente. La entrega por mar tardaría varios meses. Y el avión ucraniano lo hizo en pocos días.

Siempre hemos estado orgullosos de nuestro "Mriya". No porque sea el más grande del planeta. En primer lugar porque ayudó a personas de todo el mundo entregando alimentos, agua potable, equipos para misiones de mantenimiento de la paz y humanitarias.

En 2019, tras el inicio de la pandemia de COVID-19, nuestra "Mriya" entregó constantemente los suministros médicos más necesarios. Eso salvó a la gente. Adultos, niños, todos. En diferentes países, en diferentes continentes. "Mriya" aportaba vida. Pero ahora es imposible.

Imposible, porque hay un estado que tiene valores completamente diferentes a los nuestros, a los vuestros, a los de todo el mundo civilizado. Y este estado comenzó una guerra a gran escala contra nosotros.

Ningún ser humano es capaz de controlar el viento y las precipitaciones en el planeta y, por tanto, nadie podrá salvar una u otra parte de la Tierra de la contaminación por radiación debida al uso de armas nucleares.

Ningún Estado del planeta debería tener siquiera la posibilidad teórica de bloquear las rutas comerciales marítimas y, más aún, de cerrar completamente el mar a otros Estados. Repito una vez más: ¡no debería haber ni siquiera una posibilidad teórica!

Ningún gobernante del mundo debería contar con la impunidad al considerar la perspectiva de la guerra.

¡Señoras y señores!

¡Pueblo australiano!

Después de 36 días de guerra a gran escala de Rusia contra Ucrania, se puede afirmar que no hay otra manera en el mundo de garantizar la seguridad global que obligar a Rusia a guardar silencio, a la paz. Y también llevarla ante la justicia - esto es importante- por todo lo que ha hecho contra la seguridad mundial.

Un Estado que no rehúye el chantaje nuclear debe recibir inmediatamente sanciones que demuestren que el chantaje tiene consecuencias devastadoras para el chantajista.

También se necesitan herramientas eficaces para llevar ante la justicia a cualquier Estado que bloquee las rutas comerciales marítimas. Para que nadie tenga siquiera esa tentación: hacer que el mar esté muerto.

Ahora simplemente no existen tales herramientas en el mundo. Por tanto, el liderazgo de Australia puede ser indispensable para modernizar la arquitectura de seguridad mundial. Así como en el fortalecimiento de nuestra coalición antibélica, que ahora trabaja para devolver la paz a Ucrania.

También es necesario mejorar la capacidad de las instituciones internacionales creadas para la responsabilidad de los criminales de guerra y de aquellos que cometen cualquier acto criminal por el que el mundo entero puede castigar de forma solidaria, no sólo un Estado. Si esto se hiciera a tiempo, la vida en el mundo sería mucho más segura.

Estoy seguro de que cada uno de ustedes, así como cada uno de nosotros los ucranianos, recuerda la tragedia del MH-17. El Boeing de Malasia fue derribado por los ocupantes rusos en el cielo del Donbás ucraniano. Entonces murieron 298 personas. Mis condolencias a todas las familias que perdieron a sus seres queridos.

Pero, ¿fue posible llevar ante la justicia a los causantes de esta tragedia? No. Se esconden en Rusia. Y, obviamente, recibieron garantías de seguridad del Estado ruso. ¿Ha pagado Rusia una indemnización a los familiares de las víctimas? No. Sigue negando su culpabilidad en la tragedia.

Ya han pasado ocho años y aún no se ha hecho justicia. Y nadie sabe cuánto tiempo más hará falta para que al menos una tragedia reciba una respuesta digna de la comunidad internacional, de todos nosotros.

¿Y cuántas nuevas tragedias más ha creado o creará Rusia?

Se suele decir que el mal impune vuelve. Yo añadiría: el mal impune vuelve alado, con una sensación de omnipotencia. Si el mundo hubiera castigado a Rusia por lo que hizo en 2014, no habría ninguno de los horrores de esta invasión de Ucrania en 2022.

Tenemos que arreglar estos terribles errores ahora.

Agradezco a Australia su apoyo bipartito a nuestra defensa contra los invasores. Por la ayuda que su Estado ya nos ha prestado. En particular, por 70 mil toneladas de carbón para las necesidades de nuestra energía.

Pero esto es sólo el principio. Juntos podemos, y por tanto debemos, hacer más. Se necesitan nuevas sanciones contra Rusia. Sanciones fuertes. Mientras no abandone el chantaje nuclear, el bloqueo del mar, debe pagar el precio más alto. No se debe permitir que ningún barco ruso entre en los puertos del mundo libre. Comprar petróleo ruso significa pagar la destrucción de los fundamentos de la seguridad mundial. Cualquier actividad comercial con Rusia debe detenerse por completo. ¡Ni un solo dólar para la eliminación de personas!

También hay que detener cualquier intento de Rusia de eludir las sanciones. Al fin y al cabo, ¿qué clase de sanciones son éstas, si se pueden eludir gracias a simples ardides?

Pero, sobre todo, debemos armar a los que realmente luchan por la libertad. Para que el mal pierda y para que Rusia busque la paz, Ucrania debe tener todo lo que necesita en el campo de batalla.

Por ejemplo, tiene maravillosos vehículos blindados Bushmaster que pueden ayudar significativamente a Ucrania. Así como otros modelos de equipos y armas que pueden fortalecer nuestra posición. Si tienen la oportunidad, Ucrania se lo agradecerá.

Ahora en Ucrania definitivamente harán más por nuestra libertad común, por nuestra seguridad común que estar cubiertos de polvo en su tierra. El pueblo ucraniano ya ha demostrado al mundo cuán sinceramente valoramos la libertad. Con qué constancia estamos dispuestos a defenderla.

Bombardea y bombardea ciudades y pueblos pacíficos, matando a nuestra gente pacífica. Mata a los niños. Organiza bloqueos de ciudades, manteniendo a cientos de miles de personas como rehenes sin agua, comida, luz y calor. Diariamente. Separa a miles de niños de sus padres y los saca, o más bien los secuestra, trasladándolos por la fuerza a su territorio.

Y el 27 de febrero, como resultado de los combates en la ciudad de Hostomel, nuestro avión "Mriya" fue quemado. ¿Podemos decir que Rusia ha destruido nuestro sueño? No. Quemó el avión, quemó el hierro. Destruyó la materia, no el alma. La cáscara, no la esencia. No la libertad. No la dignidad. No la independencia.

Sabemos que nuestro sueño no puede ser derrotado y destruido. Especialmente si podemos contar con el apoyo y la ayuda del mundo libre. Con su apoyo, con su ayuda. Y como en la historia que conté arriba, no se necesita dentro de unos meses, se necesita ahora.

¡Señoras y señores!

¡Pueblo australiano!

La distancia entre nuestros estados es grande, miles de kilómetros. Nos dividen los mares y océanos, los territorios de decenas de otros países, los husos horarios. Pero esta distancia simplemente no existe para la crueldad y el caos que Rusia ha traído a Europa del Este, a la región de nuestros mares Negro y de Azov, a nuestra tierra ucraniana.

Todo lo que está ocurriendo en nuestra región debido a la agresión de Rusia y que está destruyendo la vida de nuestro pueblo se ha convertido ya en una amenaza real para su Estado y su pueblo. Porque esta es la naturaleza del mal: puede superar instantáneamente cualquier distancia y cualquier barrera. Destruye la vida.

Durante décadas, no ha habido tal amenaza de ataques nucleares como ahora. Porque los funcionarios rusos y los propagandistas del Estado están discutiendo abiertamente el uso de armas nucleares contra aquellos que no quieren obedecer las demandas rusas.

Durante décadas, no se ha dado el caso de que un estado bloqueara completamente el mar a otro estado y a todos los barcos mercantes de cualquier país.

Pero eso es exactamente lo que ha hecho Rusia. Nuestra parte del Mar Negro y del Mar de Azov es ahora un mar completamente muerto.

Y cualquier barco que intente entrar en nuestras aguas puede ser simplemente destruido por la flota rusa. ¡Más de un centenar de buques mercantes de distintas banderas están bloqueados por Rusia en nuestros puertos!

Desde hace décadas, nunca ha habido un estado en el mundo que haya iniciado una guerra contra un pueblo vecino, declarando abiertamente su conquista o destrucción. Para que no quede ni siquiera el nombre de esta nación, para que no haya posibilidad de vida libre para esta nación.

Rusia ya ha devuelto al mundo las peores páginas del siglo XX. Las mayores amenazas de ese siglo. Devolvió el mal que la humanidad esperaba olvidar desde hace tiempo.

Pero lo peor es que si no se detiene a Rusia ahora, si no se lleva a Rusia ante la justicia, algunos otros países del mundo que sueñan con una guerra similar contra sus vecinos decidirán que eso también es posible para ellos.

El destino de la seguridad mundial se está decidiendo ahora.

Nuestros héroes están luchando contra el ejército que se considera uno de los más fuertes del mundo. Pero toda nuestra gente, sin excepción, ya está pensando en el futuro. En cómo viviremos después de la guerra. En cómo reconstruiremos nuestro país, nuestra región del Mar Negro.

Invitamos a los principales países del mundo, a las principales empresas y a los mejores especialistas a unirse al proyecto de reconstrucción de Ucrania. Apadrinen una región, una ciudad o una industria de su elección en nuestro país que necesite ser restaurada.

Su Estado ha otorgado a Ucrania un estatus especial de país afín. Pero no sólo estamos relacionados en nuestros pensamientos, sino también en nuestros sueños.

Por lo tanto, invito a su hermoso país a mirar de cerca a nuestras regiones del sur, a nuestras costas del Mar Negro y del Mar de Azov. La restauración de nuestros puertos, el desarrollo de ciudades como, por ejemplo, Kherson, que hoy lucha por su libertad, la restauración de la industria marítima de Ucrania pueden ser una contribución especial a la estabilidad para ustedes después de esta terrible guerra.

Junto con la protección fundamental de la libre navegación, esto restaurará la fuerza de las viejas pero correctas palabras: quien es capaz de defender la libertad en el mar, es capaz de defender la libertad en el mundo. Creo que pueden hacerlo.

Y espero que la comunidad ucraniana de Australia, nuestra fuerte comunidad ucraniana, se una a este trabajo común. Nos apoyará ahora tanto como en años anteriores.

Queridos amigos, la distancia geográfica entre nosotros es una locura. Miles de kilómetros. Pero ¿qué significa esta distancia para aquellos que tienen un entendimiento común, que ven el mundo de la misma manera, que se molestan amargamente cuando viene el enemigo, cuando se matan niños, cuando se destruyen ciudades, cuando se dispara a los refugiados en las carreteras, cuando un país pacífico se convierte en un territorio quemado? Entonces desaparece cualquier distancia. La geografía no significa nada. Sólo importa la humanidad. Sólo el sueño de volver a una vida pacífica.

Un sueño que cumpliremos.

Definitivamente. Y definitivamente juntos.

¡Gracias!

¡Gracias Australia!

¡Gloria a Ucrania!

Los secretos de su comunicación

El poder del símbolo

Un símbolo es una de las formas más cautivadoras y poderosas de conectar con la emoción del ser humano.

En muchas ocasiones entendemos las experiencias, incluso la vida a través de los símbolos y los sentimientos que generan.

En nuestra vida cotidiana los tenemos al alcance de nuestra mano.

Lo que destaco en la comunicación de un presidente, en este caso Zelenski, es la voluntad, la intención de utilizarlo con fines persuasivos.

Ante el parlamento de Australia es para mí la esencia fundamental de su poder de comunicación. Utiliza todo el poder simbólico de un nombre, ahora veremos en qué consiste, para mostrar todo lo que ese símbolo representa.

Un símbolo que representa generosidad, ayuda, entrega, colaboración.

Te estarás preguntando qué símbolo es el utilizado por Zelenski.

Justo después de los saludos protocolarios, no pierde un segundo, Zelenski comienza a poner en escena el símbolo con el que aspira a conectar con su audiencia:

"En mayo de 2016, miles de australianos se reunieron en el aeropuerto de Perth para ver por primera vez a la ucraniana "Mriya". "Mriya" es el nombre de nuestro avión An-225. "Mriya" es un sueño en inglés. Tras recorrer casi 15.000 kilómetros, entregó en Australia una carga urgente: un generador eléctrico de 130 toneladas, que su empresa necesitaba desesperadamente.

La entrega por mar tardaría varios meses. Y el avión ucraniano lo hizo en pocos días.

Siempre hemos estado orgullosos de nuestro "Mriya". No porque sea el más grande del planeta. En primer lugar porque ayudó a personas de todo el mundo entregando alimentos, agua potable, equipos para misiones de mantenimiento de la paz y humanitarias.

En 2019, tras el inicio de la pandemia de COVID-19, nuestra "Mriya" entregó constantemente los suministros médicos más necesarios. Eso salvó a la gente. Adultos, niños, todos. En diferentes países, en diferentes continentes. "Mriya" aportaba vida. Pero ahora es imposible".

Este símbolo representa todo aquello que ahora necesita el líder de Ucrania de Australia.

El poder del símbolo
Reciprocidad

Y es que el símbolo nos evoca emociones y es capaz, gracias al simbolismo que representa, a indicarnos el camino correcto.

Además, ese símbolo ha representado una ayuda directa de Ucrania a Australia en el pasado.

Y es el momento de probar una vez más de las reglas de persuasión de Cialdini que vimos con anterioridad y tan bien utilizó Zelenski en Francia.

Para mí la principal novedad en el despliegue de recursos discursivos de Zelenski en este discurso es el de la utilización del símbolo que después une a la regla de la reciprocidad.

Hablamos de una forma muy poderosa de vincular un símbolo al hecho, al argumento sobre el que se quiere inspirar.

El poder del símbolo
Historia

La audiencia ha conectado con el gran símbolo y lo que representa. Además conocemos todo lo que ha hecho por nosotros y sigue haciendo.

Es entonces cuando Zelenski comparte esta información:

"Y el 27 de febrero, como resultado de los combates en la ciudad de Hostomel, nuestro avión "Mriya" fue quemado. ¿Podemos decir que Rusia ha destruido nuestro sueño? No.

Quemó el avión, quemó el hierro. Destruyó la materia, no el alma. La cáscara, no la esencia. No la libertad. No la dignidad. No la independencia".

Un poderoso momento de comunicación, extraordinariamente construido, que tiene al avión "Mriya", sueño en inglés, como hilo conductor que se cierra en ese momento.

Zelenski es capaz de mantener en alto la emoción asociada al símbolo durante un tiempo para luego llevarla al cierre de esa historia. Lo logra con impacto eligiendo las palabras adecuadas y con todo el factor impacto que presenta de forma muy especial. Introduce el drama en ese cierre y como líder optimista, a pesar de la situación, comparte un mensaje positivo.

La petición

¿Qué quieres de tu audiencia?

El poder del símbolo ya ha sido compartido.

Entra en escena la reciprocidad.

La acción desde el ejemplo ya ha sido explicada. Es momento de hacer la petición formal. Zelenski se siente con la autoridad moral para hacer la petición precisa de lo que necesita su país. Y lo hace.

"Por ejemplo, tienen maravillosos vehículos blindados Bushmaster que pueden ayudar significativamente a Ucrania. Así como otros modelos de equipos y armas que pueden fortalecer nuestra posición. Si tienen la oportunidad, Ucrania se lo agradecerá".

Petición directa realizada.

Como vemos y en algún otro discurso lo apreciaremos de forma muy evidente, Zelenski no pierde una sola oportunidad de solicitar con exactitud lo que su país necesita. No habla en genérico. Entra en el detalle.

Cómo aplicar las técnicas en tus presentaciones, en tus comunicaciones, en tus discursos

— Si un símbolo representa todo aquello que puede evocar emociones en tu audiencia e invitar a la acción, preséntalo. Pon en escena todo el poder de los símbolos.

— Analiza con pausa qué representa el símbolo que quieres compartir con tu público. Pregúntate ¿Qué representa para ti? ¿Representa lo mismo para tu audiencia? Pensemos en algunos ejemplos: ayuda, colaboración, generosidad, altruismo, paz. Después solicita la acción que quieres de tu interlocutor. Y que represente el mismo mensaje que has instalado en la mente gracias al poder del símbolo.

— Hemos instalado en la mente de nuestro interlocutor un símbolo y el poder que lo representa. Gracias a la reciprocidad ahora es nuestro momento de solicitar una acción específica a nuestro interlocutor, hazlo de forma muy precisa. ¿Qué necesitas? Evita planteamientos abstractos. Sé concreto.

— Incluye el símbolo que hayas elegido en el contexto de una historia. Avanza cronológicamente de la mano del poder del símbolo.
— Cierre con impacto. Toda historia puede compartirse con impacto despejando alguna incógnita, desvelando la sorpresa final. No adelantes este cartucho. Llévate lo más lejos en tu presentación este efecto y recupera el símbolo para protagonizar el cierre de tu presentación. Que la historia y su símbolo siga viva el mayor tiempo posible durante su presentación.

4 de Abril de 2022

Mensaje en los Premios Grammy

226 palabras

1 minuto 40 segundos

"Llenad el silencio con vuestra música"

La guerra. ¿Qué es más opuesto a la música? El silencio de las ciudades en ruinas y de las personas asesinadas. Nuestros niños dibujan cohetes en picado, no estrellas fugaces. Más de 400 niños resultaron heridos y 153 niños murieron. Y nunca los veremos dibujar. Nuestros padres están felices de despertarse por la mañana en los refugios antiaéreos, pero vivos. Nuestros seres queridos no saben si volveremos a estar juntos. La guerra no nos deja elegir quién sobrevive y quién se queda en eterno silencio. Nuestros músicos visten chalecos antibalas en lugar de esmóquines. Les cantan a los heridos en los hospitales, incluso a los que no pueden oírlos. Pero la música se abrirá paso de todos modos. Defendemos nuestra libertad de vivir, de amar, de sonar. En nuestra tierra estamos combatiendo a Rusia, que trae un silencio horrible con sus bombas. El silencio de la muerte. ¡Llenad el silencio con vuestra música! Llenadlo hoy, para contar nuestra historia. Decid la verdad sobre esta guerra en las redes sociales, en la tele. Apóyanos en todo lo que puedas. Cualquiera cosa, pero no el silencio. Y entonces vendrá la paz. A todas nuestras ciudades que la guerra está destruyendo: Chernihiv, Kharkiv, Volnovakha, Mariupol y otras. Ya son leyendas, pero tengo el sueño de que vivan y sean libres. Libre como tú en el escenario de los Grammy.

Los secretos de su comunicación

El lenguaje de tu audiencia

Es un momento histórico, que un líder lance un mensaje en plena guerra en la gala de los Grammy. Volodímir Zelenski es conocedor de la oportunidad que se le presenta en este tiempo. Tiene todas las oportunidades que permite hoy día la tecnología para conectar a través de las grabaciones en video de forma global con todo el mundo. Sabe mejor que nadie que no puede desaprovechar la oportunidad de compartir sus mensajes. La pregunta es qué mensaje quiero compartir y qué palabras utilizo. Y quiénes son los oídos que escuchan.

Siempre que nos preguntemos a qué audiencia nos dirigimos, nos será más fácil caminar el camino de la conexión humana

En esta ocasión el dirigente habla en el lenguaje de su audiencia.

Es un recurso que siempre funciona. Especialmente cuando el contenido, la temática, la información que vas a compartir puede sonar muy lejana a la audiencia a la que te diriges.

Hecho este diagnóstico este breve mensaje de 1 minuto 40 segundos, busca tocar a su audiencia en su lenguaje y en sus palabras. En muchas ocasiones los oradores, los comunicadores pensamos en nuestras palabras. Pero, ¿qué palabras son las que resuenan más y mejor en mi audiencia? ¿Son más poderosas esas palabras y por tanto mi mensaje llegará con más potencia?

Ese es siempre nuestro objetivo.

Las palabras dirigidas a personas del mundo de la música y del arte deben ser palabras del mundo de la música y del arte.

En la apertura de su discurso ya aparece la palabra música. ¿Por qué dejarlo para más tarde? O peor, ¿y si ni siquiera la tuviera prevista en mi presentación?. Este análisis ,ahora que conocemos algunos de los valores en la comunicación de éxito de Zelenski, quizá nos suene a música menor. ¿Acaso no conocemos cantidad de oradores que en su partitura no hubieran pensado para nada incluir la palabra música?

Así comienza el mensaje:

¿Qué es más opuesto a la música?

En un mensaje de 226 palabras hasta 17 palabras tocan directamente al mundo de la música y del arte.

El lenguaje de tu audiencia
Silencio

Y de entre todas las palabras destaca una. Una palabra clave. La palabra silencio.

Me parece importante destacar que es su palabra clave y lo es por algo. Ahora me explico.

La pronuncia en 6 ocasiones.

Cuando utilicemos una palabra clave, esa que queremos que la audiencia escuche en su idioma, que sea con la intención de fortalecer el mensaje principal. Que detrás exista esa intención. Es vital que no se trate de fuego de artificio.

En este caso la palabra silencio lanza el mensaje principal del líder Zelenski en un auditorio que se dedica a hacer música, a cantar, en definitiva a expresarse con la voz.

¿Y qué quiere decirnos? Que levantemos la voz, que no nos quedemos callados, que no guardemos silencio ante lo que está pasando.

"¡Llenad el silencio con vuestra música! Decid la verdad sobre esta guerra en las redes sociales, en la tele. Apóyanos en todo lo que puedas. Cualquiera cosa, pero no el silencio. Y entonces vendrá la paz".

Le invita a la acción en su lenguaje. El llamamiento a no quedarnos en silencio es poderoso. Una vez más el comunicador total del S.XXI aparece en esta ocasión. Nos deja una vez más, otra oportunidad de aprendizaje para conectar desde un liderazgo inspirado.

En tu idioma
O en el de tu audiencia

En los Grammy habló en inglés.

Zelenski siempre había hablado hasta la fecha en su lengua materna. Se saltó la regla en los Grammy. También hizo una excepción, como hemos visto, cuando se dirigió al congreso de los Estados Unidos. De forma breve habló en inglés en la parte final de la intervención. Te estarás preguntando si es recomendable conectar con tu audiencia en su idioma. Si puede ayudar al éxito de tu comunicación.

Siempre que queramos conectar desde la emoción y salvo que seamos bilingües, dominemos dos idiomas desde muy pequeños, siempre conectaremos más en nuestra lengua materna.

Las emociones siempre se expresan mejor desde nuestro interior cuando las decimos con nuestras palabras. Las que traen al momento las emociones que acompañan y visten esas palabras. Las que significan y nos traen las imágenes mentales con todo el poder que eso significa. Siempre que queramos conectar nuestro interior con el exterior, la lengua materna es la mejor opción.

En este caso el presidente ucraniano hace una excepción en los Grammy, posiblemente por la duración del mensaje, 1 minuto 40 segundos. No tiene por delante una intervención de 10 minutos. Si hablase en inglés durante diez minutos estaría muy pendiente de la pronunciación y perdería frescura y espontaneidad.

Por otro lado es muy cierto que siempre que utilizamos el idioma de las personas a las que nos dirigimos se genera una energía, una conexión especial. Por esta razón es bueno que incorporemos a nuestro ADN de comunicadores este recurso.

Siempre que consideremos que hablar en la lengua, en el idioma de tu interlocutor suma, hagámoslo.

Es algo que ha funcionado a muchos líderes en comunicaciones relevantes. Y viendo, escuchando la reacción de la audiencia, tenemos claro que funciona.

En tu idioma
"Ich bin ein Berliner"

"Soy berlinés" Es la frase icónica de uno de los momentos de comunicación más recordados justo por lo que estamos comentando. En la puerta de Brandenburgo, en Berlín, el 26 de Junio de 1963 John Fitgerald Kennedy pronunció esa frase en alemán.

Es seguro que si la pronuncia en inglés, el efecto no es el mismo.

Y añado: es seguro que si entrega todo el discurso en alemán, su capacidad de conectar, lejos de su idioma natal, habría sido menor.

Cómo aplicar las técnicas en tus presentaciones, en tus comunicaciones, en tus discursos

— Si el tema del que vas a hablar es muy distante respecto al sector, área de conocimiento o intereses de tu audiencia, háblales en su lenguaje. Utiliza las palabras que les conecten.

— No pierdas una oportunidad de comunicar tu mensaje en todos aquellos foros "diferentes". No pongamos el foco solo en nuestros eventos habituales, actos etc. Valoremos cuando nos llegan escenarios diferentes que son opciones de comunicar, de conectar.

— La palabra y el mensaje. Que la palabra elegida de su lenguaje fortalezca tu mensaje principal. El objetivo no es compartir palabras del "idioma" de tu audiencia por compartir. Asegúrate que esa palabra, la elegida entre todas las demás, es la que obra la magia. La que conecta en sinfonía total con tu audiencia.

— Apóyate en esa palabra para lanzar tu poderoso call to action. Dile a tu audiencia qué quieres que haga, cuál te gustaría que fuese su próximo paso a dar y utiliza esa palabra clave.

— Habla en tu lengua materna. Es la manera para conectar tu emoción interna con el exterior.
— Busca el momento para crear un momento con tu audiencia. Regala alguna frase en el idioma de tu público. Agradecerán tu esfuerzo y se generará una conexión muy especial. Elige con acierto la frase, la expresión que quieres compartir. Y antes de hacerlo, que alguien te ayude con la pronunciación de esa frase. Quedarás muy bien. Tu público entiende que te has preocupado y que has pensado en ellos.
— Para todos los que en empresas globales tenemos que hacer presentaciones en inglés y no es nuestro idioma materno, sólo una aportación: todo el ánimo del mundo con el nivel de inglés que tengamos. A prepararlo bien y a entregarse en cuerpo y alma. Y algo importante: la audiencia que sabe que no es nuestro idioma principal es más amable con nuestros "errores" de pronunciación que nosotros mismos. No nos castiguemos.

5 de Abril de 2022

Discurso del Presidente de Ucrania en una reunión del Consejo de Seguridad de la ONU

2080 palabras

16 minutos

"¿Dónde está la seguridad que debe garantizar el Consejo de Seguridad?"

¡Estimada Sra. Presidenta!

¡Estimado Sr. Secretario General!

¡Estimados miembros del Consejo de Seguridad y demás participantes en la reunión!

Gracias por esta oportunidad.

Estoy seguro de que todos los representantes de los Estados miembros de la ONU me oirán hoy.

Ayer regresé de nuestra ciudad de Bucha, recientemente liberada de las tropas de la Federación Rusa.

Es difícil identificar un crimen de guerra que los ocupantes no hayan cometido allí.

Los militares rusos buscaron y mataron intencionadamente a todos los que servían a nuestro Estado.

Al acercarse ejecutaron a mujeres fuera de sus casas al acercarse y simplemente llamando a alguien con vida.

Mataron a familias enteras: adultos y niños. E intentaron quemar sus cuerpos.

Me dirijo a ustedes en nombre de las personas que honran la memoria de los fallecidos todos los días. Todos los días, por la mañana.

La memoria de los civiles asesinados.

Que recibieron un disparo en la nuca o en el ojo después de ser torturados. Que fueron disparados en la calle.

Que fueron arrojados al pozo, para que murieran allí con sufrimiento.

Que fueron asesinados en apartamentos, casas, volados por granadas. Que fueron aplastados por tanques en coches civiles en medio de la carretera. Por diversión.

A quienes les cortaron los miembros, les cortaron la garganta. Que fueron violadas y asesinadas delante de sus propios hijos.

A quienes se les arrancó la lengua solamente porque no escucharon de ellos lo que querían oír.

¿En qué se diferencia esto de lo que hacían los terroristas del Dáesh en el territorio ocupado?

Discurso de Zelenski. Consejo Seguridad ONU

"¿Dónde está la seguridad que debe

garantizar el Consejo de Seguridad?"

Solamente que lo hace un miembro permanente del Consejo de Seguridad de las Naciones Unidas.

Destruye la unidad interna de los Estados.

Destruye las fronteras de los Estados.

Niega el derecho de más de una docena de pueblos en dos continentes a la autodeterminación y a la vida estatal independiente. Lleva a cabo una política constante de destrucción de la diversidad étnica y religiosa.

Exalta las guerras y las libra deliberadamente para matar al mayor número posible de civiles corrientes. Destruir el mayor número posible de ciudades pacíficas ordinarias. Para dejar en el país al que envía sus tropas sólo ruinas y fosas comunes. Ustedes lo han visto todo.

Promueve el odio a nivel estatal y trata de exportarlo a otros países mediante su sistema de propaganda y corrupción política.

Provoca una crisis alimentaria mundial que podría provocar hambrunas en África y Asia, y que sin duda acabará en un caos político a gran escala en países donde la estabilidad de los precios de los alimentos es un factor clave de la seguridad interna.

Entonces, ¿dónde está la seguridad que debe garantizar el Consejo de Seguridad? No hay seguridad. Aunque hay un Consejo de Seguridad, como si no pasara nada.

Entonces, ¿dónde está la paz para la que se creó las Naciones Unidas?

Está claro que la institución más importante del mundo, que debe asegurar que la coerción de cualquier agresor a la paz, simplemente no pueda funcionar con eficacia.

Ahora el mundo ha visto lo que los militares rusos hicieron en Bucha mientras mantenían nuestra ciudad bajo ocupación. Pero el mundo todavía tiene que ver lo que han hecho en otras ciudades ocupadas, en otras zonas ocupadas de nuestro país.

La geografía puede diferir, pero la crueldad es la misma. Los crímenes son los mismos.

Y la responsabilidad debe ser inevitable.

¡Señoras y caballeros!

Me gustaría recordarles del primer artículo del primer capítulo de la Carta de la ONU. ¿Cuál es el propósito de nuestra organización? Mantener la paz. Y forzar la paz. Ahora la Carta de la ONU está siendo violada literalmente desde el primer artículo. Y si es así, ¿qué sentido tienen todos los demás artículos?

Hoy, como resultado de las acciones de Rusia en el territorio de mi Estado, en el territorio de Ucrania, se están cometiendo los crímenes de guerra más atroces de todos los tiempos desde el final de la Segunda Guerra Mundial.

Las tropas rusas están destrozando deliberadamente ciudades ucranianas hasta convertirlas en cenizas con artillería y ataques aéreos.

Están bloqueando las ciudades deliberadamente, creando una hambruna masiva dentro de ellas. Están disparando deliberadamente a columnas de civiles en las carreteras que intentan escapar del territorio de las hostilidades.

Incluso están volando deliberadamente los refugios donde los civiles se esconden de los ataques aéreos. Crean deliberadamente las condiciones en los territorios temporalmente ocupados para que muera allí el mayor número posible de civiles.

La masacre en nuestra ciudad de Bucha es sólo uno de los muchos ejemplos, por desgracia, de lo que los ocupantes han estado haciendo en nuestra tierra desde hace 41 días.

Y hay muchos otros lugares de este tipo de los que el mundo aún no ha descubierto toda la verdad: Mariupol, Kharkiv, Chernihiv, Okhtyrka, Borodyanka y docenas de otras comunidades ucranianas, cada una de las cuales es como Bucha.

Yo sé, y ustedes saben muy bien, lo que dirán los representantes de Rusia en respuesta a las acusaciones de estos crímenes. Lo han dicho muchas veces. La más ilustrativa fue tras el derribo de un Boeing malasio sobre Donbás por fuerzas rusas con armas rusas. O durante la guerra en Siria.

Culparán a todo el mundo, sólo para justificarse. Dirán que hay diferentes versiones, y que cuál de ellas es la verdadera es supuestamente imposible de establecer todavía. Incluso dirán que los cuerpos de los asesinados fueron supuestamente "plantados", y que todos los vídeos son un montaje.

Pero. Ahora es el año 2022. Hay pruebas concluyentes. Hay imágenes de satélite. Es posible realizar una investigación completa y transparente.

Eso es lo que nos interesa.

El máximo acceso de los periodistas. La máxima cooperación con las instituciones internacionales. La participación de la Corte Internacional de Justicia. Plena verdad, plena responsabilidad.

Estoy seguro de que todos los Estados del sistema de la ONU deberían estar interesados en esto. ¿Para qué? Para castigar de una vez y por todas a quienes se consideran privilegiados, se consideran impunes.

Por lo tanto, para mostrar a todos los demás criminales de guerra potenciales del mundo que inevitablemente también serán castigados. Si se castiga a los más grandes, se castigará a todos.

¿Por qué vino Rusia a Ucrania, díganme?

Yo responderé. Los dirigentes rusos se sienten colonizadores, como en la antigüedad. Necesitan nuestra riqueza y nuestra gente. Rusia ya ha deportado a decenas de miles de nuestros ciudadanos a su territorio. Luego habrá centenares.

Secuestró a más de dos mil niños. Simplemente secuestró a miles de niños. Y lo sigue haciendo. Rusia quiere convertir a los ucranianos en esclavos silenciosos.

Los militares rusos están saqueando las ciudades y pueblos que han capturado abiertamente. Esto es un saqueo a la más alta escala. Lo roban todo, desde alimentos hasta pendientes de oro que arrancan con sangre.

Estamos ante un Estado que convierte el derecho de veto en el Consejo de Seguridad de la ONU en el derecho a matar.

Que socava toda la arquitectura de la seguridad mundial.

Que permite que el mal quede impune y se extienda por el mundo. Destruyendo todo lo que puede funcionar en pro de la paz y la seguridad.

Si esto continúa, el final será que cada Estado dependerá sólo del poder de las armas para garantizar su seguridad, no del derecho internacional, no de las instituciones internacionales.

Entonces, la ONU podrá ser simplemente disuelta.

¡Señoras y caballeros!

¿Están ustedes preparados para la disolución de la ONU? ¿Creen que el tiempo del derecho internacional ha pasado?

Si su respuesta es no, tienen que actuar ahora, actuar de inmediato.

El poder de la Carta de la ONU debe ser restaurado inmediato.

El sistema de la ONU debe ser reformado de inmediato para que el derecho de veto no sea un derecho a matar. Para que haya una representación justa de todas las regiones del mundo en el Consejo de Seguridad.

El agresor debe ser obligado a la paz se inmediato. Se necesita firmeza. La cadena de asesinatos en masa desde Siria a Somalia, desde Afganistán a Yemen y Libia debería haberse detenido hace mucho tiempo, para ser sinceros.

Si la tiranía hubiera recibido alguna vez una respuesta tal a la guerra que ha desatado que hubiera dejado de existir y se hubiera garantizado una paz justa después de ella, el mundo habría cambiado con toda seguridad.

Y entonces, tal vez, no tendríamos una guerra, una guerra en mi país. Contra nuestra nación, la nación ucraniana. Contra la gente.

Pero el mundo observó y no quiso ver la ocupación de Crimea, o incluso antes - la guerra contra Georgia, o incluso antes – el aislamiento de Moldavia de toda la región de Transnistria. Tampoco quiso ver cómo Rusia preparaba el terreno para otros conflictos y guerras cerca de sus fronteras.

¿Cómo detenerlo?

Llevando inmediatamente a los militares rusos y a quienes les dieron órdenes ante la justicia por crímenes de guerra en Ucrania.

Todos los que dieron órdenes criminales y las cumplieron matando gente se enfrentarán a un tribunal similar a los juicios de Nuremberg.

Quiero recordar a los diplomáticos rusos que un hombre como von Ribbentrop no ha evitado el castigo después de la Segunda Guerra Mundial.

Y también quiero recordar a los arquitectos de la política criminal rusa que el castigo ha alcanzado también a Adolf Eichmann.

Ninguno de los culpables escapará. Ninguno.

Pero lo principal es que hoy es el momento de transformar el sistema, cuyo corazón es Naciones Unidas. Para ello, proponemos convocar una conferencia mundial. Y pedimos hacerla ya en la pacífica Kyiv - para decidir.

Cómo reformaremos el sistema de seguridad mundial.

Cómo garantizaremos realmente la inviolabilidad de las fronteras universalmente reconocidas y la integridad de los Estados.

Cómo garantizaremos el imperio del derecho internacional.

Ahora está claro que los objetivos fijados en San Francisco en 1945 durante la creación de una organización mundial de seguridad internacional no se han alcanzado. Y es imposible alcanzarlos sin reformas.

Por lo tanto, debemos hacer todo lo que esté en nuestra mano para transmitir a las próximas generaciones una ONU eficaz con capacidad para responder preventivamente a los desafíos de seguridad y garantizar así la paz.

Prevenir la agresión y obligar a los agresores a la paz. Tener la determinación y la capacidad de imponer castigos si se violan los principios de la paz.

No puede haber más excepciones ni privilegios. Todos deben ser iguales. Todos los participantes en las relaciones internacionales. Independientemente de la fuerza económica, la zona geográfica y las ambiciones individuales.

El poder de la paz debe convertirse en dominante. El poder de la justicia y el poder de la seguridad. Como siempre ha soñado la humanidad.

Ucrania está dispuesta a proporcionar una plataforma para una de las principales oficinas del sistema de seguridad actualizado.

Al igual que la oficina de Ginebra se especializa en los derechos humanos, al igual que la oficina de Nairobi se especializa en el área de la protección del medio ambiente, la Oficina U-24 de Kyiv puede especializarse en las medidas preventivas para mantener la paz.

Quiero recordarles nuestra misión pacífica en Afganistán. Cuando, a nuestra propia costa, los ucranianos evacuamos a más de mil personas de este país. Y era la fase álgida Pero la gente necesitaba ayuda, y Ucrania acudió. Al igual que otros Estados.

Evacuamos a personas de diferentes nacionalidades, de diferentes credos. Afganos, ciudadanos de países europeos, de Estados Unidos, de Canadá. No distinguimos quién necesitaba ayuda, si era nuestra gente o no. Salvamos a todos.

Si cada vez que hubiera una necesidad todos en el mundo confiaran en que la ayuda llegaría, el mundo sería definitivamente más seguro.

Por lo tanto, Ucrania tiene el derecho moral necesario para proponer una reforma del sistema de seguridad mundial.

Hemos demostrado que ayudamos a los demás no sólo en los buenos tiempos, sino también en los oscuros.

Y ahora necesitamos decisiones del Consejo de Seguridad. Por la paz en Ucrania. Si no saben cómo adoptar esta decisión, pueden hacer dos cosas.

Quitar a Rusia, como agresor y fuente de guerra, de bloquear las decisiones sobre su propia agresión, su propia guerra. Y luego hacer todo cuanto pueda establecer la paz.

O mostrar cómo se puede reformatear y trabajar en pro de la paz.

O si su formato actual es inalterable y simplemente no hay salida, entonces la única opción sería disolverse por completo.

Estoy convencido de que pueden prescindir de la tercera opción.

Ucrania necesita la paz. Nosotros necesitamos la paz. Europa necesita la paz. El mundo necesita la paz.

Y por último, les pido que vean el vídeo. Uno corto.

Un vídeo de lo que ha venido a sustituir su poder porque sólo alguien puede abusar de sus derechos.

A esto conduce la impunidad.

Si es posible, vean este vídeo. Porque no hay oportunidad de que todos vengan a verlo. Así que véanlo.

Gracias.

Los secretos de su comunicación

Este discurso es el más largo hasta la fecha de todos los que ha ofrecido el líder Zelenski. El escenario, el Consejo de Seguridad de la ONU, y la gravedad de la situación después de más de 40 días de guerra así lo exigía.

Verás amiga, amigo lector que Zelenski viene de una intervención muy breve en los Grammy y en inglés. Ante el Consejo de Seguridad se expresa en su lengua materna, como hace prácticamente siempre.

La pregunta

Su discurso ante el Consejo de Seguridad de la ONU lleva el sello de la pregunta como clave principal. Zelenski hace preguntas, las plantea de forma muy directa a sus interlocutores, preguntas que ponen en jaque a su audiencia, preguntas que de momento no tienen respuesta y preguntas a las que el da respuestas inmediatas.

Es para mí el recurso más utilizado. Se vuelca en esta técnica de forma decidida.

La pregunta clave en su discurso es esta, dónde está la seguridad que debe garantizar el Consejo de Seguridad?

Es la pregunta que desarma el nombre de la organización a la que se está dirigiendo. Sin paños calientes juega con el término seguridad y lo "lanza" directo a su público.

En esta ocasión responde de forma muy rápida. "No hay seguridad"

Pronto comienza con más preguntas. "¿Dónde está la paz para que la que se crearon las Naciones Unidas?"

Podríamos decir que Zelenski no tiene tiempo para dulcificar la propuesta de tono y utilización del lenguaje que ahora veremos. Prefiere un lenguaje directo para conseguir objetivos. Se la juega, su país lo necesita y por eso da una importancia capital a este discurso. Esto explica que sea el discurso más largo y con más contenido hasta el momento en el que escribo estas líneas.

Continúan las preguntas de Zelenski.

"¿En qué se diferencia esto de lo que hacían los terroristas del ISIS en el territorio ocupado?

Salvo que lo hace un miembro permanente del Consejo de Seguridad de las Naciones Unidas".

"¿Están ustedes preparados para la disolución de la ONU? ¿Creen que el tiempo del derecho internacional ha pasado?

Si su respuesta es no, tienen que actuar ahora, actuar inmediatamente".

"¿Por qué vino Rusia a Ucrania, dígame?

Yo responderé. Los dirigentes rusos se sienten colonizadores, como en la antigüedad".

Zelenski presenta muchas preguntas en este discurso,

Es una línea argumental discursiva en esta intervención que busca en ocasiones "colorear" la inacción del Consejo de Seguridad. Por otro lado ofrecer respuestas que van dirigidas al mensaje principal de este discurso.

El mensaje
Pasado y presente

Uno de los recursos que funcionan en este tipo de comunicaciones es poner encima el mensaje principal dejando muy claro el objetivo que propones, la solución, el resultado, la acción que solicitas.

Irá de la mano de la búsqueda del precedente que más pueda apoyar ese mensaje principal. Si además ese mensaje evoca alguna imagen que todos los asistentes recordarán por igual, avanzaremos con paso firme en el camino de la influencia.

Si además esa imagen tiene un peso especial por lo que representa, redoblaremos el impacto del mensaje compartido por esta vía.

El mensaje principal de Zelenski en su presente es que se están produciendo crímenes de guerra y que esos crímenes de guerra deben ser castigados.

"Hoy, como resultado de las acciones de Rusia en el territorio de mi Estado, en el territorio de Ucrania, se están cometiendo los crímenes de guerra más atroces de todos los tiempos desde el final de la Segunda Guerra Mundial".

Como vemos en este caso, en algún otro discurso se ha visualizado muy bien este recurso, utiliza la idea-titular con peso para elevar el valor de ese mensaje.

Y repite en varias ocasiones la palabra crímenes de guerra y criminales.

El mensaje
Evocar la imagen

Es momento de acudir al presente que toda la audiencia pueda visualizar en su mente, es momento de ver el mensaje principal. Es entonces cuando Zelenski recurre a los juicios de Nuremberg.

"Todos los que dieron órdenes criminales y las cumplieron matando gente se enfrentarán a un tribunal similar a los juicios de Nuremberg".

Y después quiere poner rostro, quiere traer al presente las imágenes del pasado de algunos responsables de crímenes de guerra para vincularlos a los que para él son hoy responsables.

¿En quién pueden estar pensado los delegados del Consejo de Seguridad de la ONU cuando escuchan la siguiente afirmación?

Comienza, por decirlo de alguna manera, por la parte de abajo de la pirámide.

"Quiero recordar a los diplomáticos rusos que un hombre como von Ribbentrop no ha evitado el castigo después de la Segunda Guerra Mundial".

Inmediatamente después pone la imagen que desea en la cabeza de su audiencia. Ahora sube en la pirámide del pasado.

"Y también quiero recordar a los arquitectos de la política criminal rusa que el castigo ha alcanzado también a Adolf Eichmann. Ninguno de los culpables escapará. Ninguno".

Esto es lo que quería comunicar Zelenski. Su prioridad. Y lo hace de forma directa y utilizando todo aquello que tiene en su mano gracias al arte del liderazgo para comunicar de una forma potente, poderosa.

Relato de los hechos
Elección de las palabras

Toda petición directa, elevada, de máximos, debe venir muy bien acompañada de la información, de los números, de los hechos que inviten a entender la fortaleza con la que se presenta la llamada a la acción.

Y en este caso y en muchos en comunicaciones de todo tipo las palabras tendrán su valor. Como ya hemos comentado en alguna ocasión la elección es muy importante, sustancial.

Y en este discurso Zelenski saca toda su artillería, permitidme la utilización de esta palabra en un contexto bélico. Su intención es sembrar la semilla del ¿a qué esperamos? Ante el Consejo de Seguridad de la ONU. Lo hace eligiendo milimétricamente las palabras con mayor impacto y dureza utilizadas hasta el momento en las intervenciones realizadas por el valiente líder ucraniano.

"Ejecutaron…mataron…intentaron quemar sus cuerpos…un disparo en la nuca… torturados…arrojados al pozo…que murieran sufriendo…aplastados por tanques…les cortaron los miembros…asesinadas delante de sus hijos…"

La verdad, amigo lector, que en varias ocasiones leyendo y releyendo los discursos de Zelenski se me ha puesto mal cuerpo en más de una ocasión. Esta es una de ellas.

Y si ese mal cuerpo, gracias a la elección precisa de las palabras de Zelenski, ha tocado a algunos miembros del Consejo podríamos decir que parte del objetivo de Zelenski estaría cumplido. Tocar, tocar desde la emoción. Como hemos visto uno de los pilares del carismático líder Zelenski en su comunicación: la emoción.

Aunque hay varios recursos más de este discurso, me gustaría incorporar uno que toca mucho a la actualidad que vivimos.

Combatir los bulos

Lo hace Zelenski y hace bien. Este recurso es quizá hoy más importante que nunca antes en la historia para las líderes y los líderes de organizaciones, empresas, instituciones y por su puesto países: Es así debido al peso de las redes sociales en tiempos desde la aparición de las redes sociales. El objetivo es invalidar, anular, refutar futuras y presentes desinformaciones de la otra parte. Por tanto Zelenski se adelanta y las pone sobre la mesa. Comparte lo que puede pasar, lo que dirán, y que según él no tiene nada que ver con la realidad.

Este momento de anulación de informaciones no veraces se concentra en esta parte del discurso.

"Sé, y ustedes saben muy bien, lo que dirán los representantes de Rusia en respuesta a las acusaciones de estos crímenes. Lo han dicho muchas veces.

La más ilustrativa fue tras el derribo de un Boeing malasio sobre Donbás por fuerzas rusas con armas rusas.

O durante la guerra en Siria.

Culparán a todo el mundo, sólo para justificarse.

Dirán que hay diferentes versiones, y que cuál de ellas es la verdadera es supuestamente imposible de establecer todavía.

Incluso dirán que los cuerpos de los asesinados fueron supuestamente "plantados", y que todos los vídeos son un montaje".

Y así terminamos el análisis de este último discurso. En las siguientes páginas veremos ejemplos de cómo aplicar estas técnicas a tus comunicaciones como hemos hecho durante todo este viaje de aprendizaje y de crecimiento personal en liderazgo y comunicación.

No te pierdas las claves que desarrollamos en el capítulo El Factor Humano de Zelenski: Imagen, Proxémica y Lenguaje Corporal, vital para entender porque hoy Zelenski ha crecido como líder como lo ha hecho. Vital para explicar por qué tenemos delante a un líder carismático, a un líder verdadero que conecta desde la emoción, que comunica de forma firme y que hace del uso de las palabras una auténtica sinfonía que eleva el arte del lenguaje del liderazgo a otro nivel.

Cómo aplicar las técnicas en tus presentaciones, en tus comunicaciones, en tus discursos

- La pregunta es un recurso poderoso. Ponla en escena en tus reuniones de equipo, en tus presentaciones, en tus discursos. La pregunta consigue algo de entrada que ya es valioso, conecta al cerebro. El cerebro se conecta con una pregunta. Cuando la escucha, responde, no puede esquivarla.
- Haz preguntas que no tienen respuesta y que se presentan ante una audiencia cuando el objetivo es dar a entender ¿Cómo es posible, por qué, qué pasó? En definitiva presenta lo inexplicable de la situación con este tipo de planteamientos
- Si tienes la respuesta. Si quieres compartirla, si quieres que la escuchen y además explicas cómo, qué y por qué hacer lo que deseas de tu audiencia, plantea la pregunta y acto seguido ofrece la respuesta.
- Construye un mensaje de acción pensando en el futuro y apóyate en el pasado. Si encuentras una clave pasada que fortalece el objetivo de comunicación, compártelo.

Presenta todo el poder del "precedente" que más y mejor motive a tu público.

— Debemos procurar que ese pasado que vamos a vincular con el presente signifique lo mismo para toda la audiencia. Que conecte con el mayor número de personas.
— ¿Cuál es la imagen? ¿Tiene imagen ese precedente? ¿Nos viene a la mente de todos ese momento por igual? Si ese mensaje que vamos a compartir tiene una poderosa imagen asociada, unas personas con rostro, que identificamos de forma rápida, fortalecerá sin duda nuestro poder de persuasión.
— Se preciso en el detalle de los hechos, la información y los datos cuando sepas que tu audiencia lo necesita para cumplir el objetivo de tu comunicación.
— Elige bien las palabras en ese recorrido detallado, que cada una impacte con todo el poder de la palabra, siempre habrá una con más peso que otra. Tómate tu tiempo. Concentra estos elementos en una parte de la presentación, de la conferencia, de la comunicación. Y ya sabes, después, a por las preguntas.

— Si eres conocedor que tu información se puede tergiversar, que se pueden plantear informaciones no correctas, falsas, con intención o no. Si piensas, escenario diferente, que se pueden plantear dudas, o claves de oposición por ejemplo al proyecto que estás presentando, anticípate.
— Desactiva todas esas informaciones, dudas, planeamientos erróneos que sobre lo que estás diciendo puedan generarse.
— Tú eres, querida amida, querido amigo, el que mejor sabe cuándo utilizar este recurso, en qué situaciones.

El Factor Humano de Zelenski: Imagen, Proxémica y Lenguaje Corporal

Es momento de poner la mirada en el factor humano de Zelenski como comunicador. Es la persona que comparte el mensaje, el que quiere conectar con su audiencia.

¿Cómo lo consigue? ¿Por qué llega de forma tan cercana?

Hasta ahora nos hemos fijado en la cantidad de recursos que utiliza en sus discursos. El líder como decimos con una mayor actividad de comunicación en menos tiempo de la historia. Ahora nos fijamos en el portador del mensaje y en los elementos de los que se acompaña.

Camiseta verde

Es Winston Churchill en camiseta

Adiós al traje. Días antes de la invasión, Zelenski protagonizó su última aparición pública, apareció en traje. Hasta la fecha. Es la última ocasión en la que se mostró como Presidente-cargo electo, para presentarse como presidente-líder.

Desde entonces, en sus comunicaciones públicas es habitual verle o bien con la camiseta verde o con la camisa verde. En definitiva con el uniforme de trabajo, el militar. El que acerca y conecta con su población. Ahora estamos acostumbrados y quizá es algo más difícil valorar, hasta qué punto todo suma en comunicación.

¿Conectaría igual el presidente de Ucrania si aparece en traje con idénticos mensajes? ¿Sería igual de poderosa su percepción como líder de un país sí en lugar de presentarse con vestuario de defensa se presenta con vestuario de trabajo burocrático?

Una de sus misiones es defender su país, a sus ciudadanos y su independencia. Y su vestuario debe también enviar ese mensaje además de sus palabras.

"Es Winston Churchill en camiseta", esta fue la frase que mejor define lo que estamos comentando. La frase es de un periodista norteamericano.

Escenario sobrio

Existe también coherencia y sentido de propósito en la elección del escenario base desde el que realiza prácticamente todos sus discursos. El búnker de guerra.

Sentado, con la bandera de Ucrania a su derecha, con los papeles en la mesa y con el fondo blanco. En todo momento se busca la distracción cero. Que la audiencia esté con Zelenski y con su mensaje, este es el objetivo.

Vemos cómo no han decidido ubicar ningún elemento en la pared que pudiera enviar algún mensaje. Lo mismo sucede en la mesa, limpia. Sólo le acompaña el texto de apoyo del discurso sus palabras.

Contacto visual

Por obvio que pueda resultar este capítulo no es menor. De hecho se cuentan por centenares, por miles, los momentos de comunicación en los que vemos a las personas leyendo un papel.

Sabemos que leer un papel nos distanciará de nuestra audiencia. Inconscientemente tu interlocutor sentirá que ese mensaje que estás compartiendo no sale de ti, de tu interior. Desde el momento que leemos la sensación para tu interlocutor, para tu audiencia, es que sale del papel.

Y eso Zelenski lo sabe. Por esta razón en todos, en todos sus discursos favorece el contacto visual. Un contacto visual pleno, el 100% de su intervención.

Un contacto visual que en este caso se traduce en la mirada a cámara. Sus intervenciones son todas en video conferencia, la manera para conectar con quien te recibe al otro lado es mirando a la cámara. Y por supuesto que en su caso y tratándose de varios minutos de discurso la incorporación de un cue, de un teleprompter, es esencial. Es imposible, por mucha habilidad que se tenga mantener la mirada al frente, directa a la cámara en una intervención tan larga y tan relevante. Hablamos de discursos presidenciales y además en contexto de guerra donde cada palabra está medida al detalle.

Diferente es en otras comunicaciones, por ejemplo una presentación de empresa de diez minutos, donde sí se puede hacer. De hecho siempre sugiero que se haga así, buscando el contacto visual con las personas a las que te diriges.

Como decimos el dirigente utiliza el CUE, el Teleprompter. Para quienes no estéis familiarizados con esta tecnología os detallo en qué consiste. Es el sistema utilizado en todas las televisiones del Mundo para "leer" a cámara. Aparecen las frases en un cristal y se mantiene la mirada a cámara. Por experiencia propia y después de muchas horas ante una cámara en Televisión Española (TVE), en mi calidad de presentador de televisión, os diré que no es fácil al comienzo. Especialmente en personas que no son profesionales del medio televisivo y que pronto incorporarán horas y horas de teleprompter cuando se sientan en un estudio de televisión.

Tiene mérito la agilidad con la que el presidente Zelenski se dirige a cámara con ese apoyo. Muy pocas personas alcanzan ese nivel de habilidad cuando tiene que leer a cámara, especialmente con el siguiente nivel de prompter con el que destacó uno de los grandes comunicadores de este tiempo: Obama.

Recordaremos a Barack Obama, el gran comunicador con teleprompter, en este caso con una variante del mismo: el presidential prompter.

Este se utiliza en actos presenciales y tiene a derecha e izquierda del orador dos cristales de tamaño de un papel din a4. Ahí ve todo su discurso. El objetivo es que el público tenga la sensación que les está hablando sin apoyo de papel. En parte es verdad.

Vemos en ocasiones a los oradores girando la cabeza de derecha a izquierda, de izquierda a derecha buscando su discurso.

Cuando se hace con naturalidad funciona. Cuando es muy artificial tiene margen de mejora. En mi experiencia acompañando a personas en este proceso de técnica, diría que pocos logran una maestría total. Y es que para llegar a ella debe ser tu sistema de comunicación habitual. La práctica es fundamental.

Zelenski mira a cámara y busca la conexión con su audiencia de forma directa. Apenas baja la mirada al papel, se cuentan con los dedos de una mano las ocasiones en que baja la mirada. Eso sucede de forma más visible en los primeros discursos tras el comienzo de la invasión.

Sí me gustaría apuntar, porque estamos valorando el factor humano y todo lo positivo, que es mucho, de la comunicación del presidente ucraniano, que hay claves en las que todavía puede crecer en un futuro. Esperemos un futuro donde sus comunicaciones no tengan nada que ver con el contexto de guerra.

Y es una mayor espontaneidad justo en el uso de papeles. Como recurso sí que puede, aunque disponga de teleprompter, apoyarse en al papel por ejemplo para compartir cifras clave. Ayuda a trasladar una credibilidad de aquello que figura en el papel escrito.

Las manos

Es muy sutil, y quizá para muchos imperceptible. Y es lo mucho que conectan las manos desde la transparencia cuando se muestras abiertas.

¿Y qué significa esto? De entrada ayuda, y por eso aparece más en camiseta que en camisa, a que las manos estén libres, que se muestren.

Las manos no tienen nada que esconder, no se apoyan en ningún objeto ni tienen cerca la manga de la camisa. Aquí están mis manos y comunican.

En camiseta es más fácil compartir este sentido porque despejas toda la mano y parte del brazo. Además todo lo que signifique "arremangarse" sugiere que estoy en ello, que mis manos están trabajando.

Tener las manos en este sentido, abiertas a tu audiencia, suma en la dirección de la confianza con la que quieres conectar con tu audiencia.

Videos clave

La puesta en escena base de Zelenski es el discurso sentado, en el bunker, con la pared en blanco y la bandera de Ucrania a su derecha. Ese ha sido su escenario habitual.

Y son muchos también los momentos que busca una cercanía más próxima con videos breves, destinados a terminar en las redes sociales y que de ahí caminarán directos a las televisiones de todo el mundo.

Y son vídeos importantes en el contexto de la comunicación de éxito de Volodímir Zelenski

Y de entre todos los vídeos hay uno, desde mi punto de vista, que marca el punto de partida de la ejemplaridad. La primera piedra que pone para construir la esencia de su liderazgo verdadero en los primeros momentos de la invasión de Ucrania. Decisivo.

Videos clave
Estoy aquí

Es el primero en dar ejemplo, y neutraliza de forma automática e implacable las informaciones que apuntaban que se había marchado del país.

Es el primero en dar ejemplo. La ejemplaridad es un elemento clave, decisivo, para seguir a un líder desde la inspiración, que no desde la obligación.

Es una de las acciones de comunicación más importante en un liderazgo inspirado, que complementa a lo que decimos con la palabra. El líder Zelenski comienza a mostrarse desde el primer instante con un carisma único y una valentía que fortalecerá su liderazgo.

"Buenas tardes a todos. El líder de la facción (David Arakhamia) está aquí. El primer ministro Shmyhal está aquí, Podolyak está aquí, el presidente está aquí. Nuestras tropas están aquí, los ciudadanos están aquí. Todos estamos aquí protegiendo la independencia de nuestro país. Y seguirá siendo así. Gloria a nuestros defensores, gloria a Ucrania, gloria a los héroes".

No es la primera vez que utiliza esta vía para desmentir que no estaba en Ucrania. Su "Estoy aquí", con la grabación en exteriores, se repite

"Buenos días ucranianos. Ha aparecido mucha información falsa en Internet como si hubiera llamado a deponer las armas y si hubiera habido una evacuación. Estoy aquí. No deponemos las armas".

"No me escondo. Y no le tengo miedo a nadie. Estoy en Ucrania, Todos estamos aquí, todos estamos trabajando. Todos están donde deben estar. Yo estoy en Kiev, mi equipo me acompaña".

Esta es la idea principal de su mensaje, "Estoy aquí" y elige un video breve con el fondo de la ciudad para eliminar las dudas que despertaron las informaciones.

La visita a Bucha
Un recorrido con mensaje

Es para mí uno de los momentos más poderosos de la comunicación de Zelenski. Y a diferencia de otros líderes, que seguro lo habrían gestionado de otra manera, el líder ucraniano acierta.

Y digo acierta consciente, muy consciente de la tremenda tragedia y de las imágenes que han impactado en millones de personas de paz de todo el mundo.

Una vez que el hecho se ha producido, es responsabilidad del líder como conectar esta comunicación, en este caso con el mundo y decidir qué mensaje lanzar.

Por esta razón digo que acierta. No se limita a pasear y que hagan unas cuantas fotos al presidente de Ucrania mostrando interés y una honda preocupación. No sólo eso. Zelenski habla ante la prensa en la misma zona cero de la tragedia para decir a los periodistas que lo cuenten. Que lo enseñen, que lo muestren al mundo. Que todo el mundo vea lo que ha hecho Putin. Actúa por tanto de intermediario del pueblo ucraniano. Él es el líder, actúa como tal y ejerce de altavoz del pueblo ucraniano. Él pone voz al mensaje principal que quiere compartir en un momento de inflexión en la invasión de Ucrania como es la matanza de Bucha.

Y como vemos, elige qué quiere decir, a quién quiere decírselo y desde dónde.

En esta ocasión no elige su escenario habitual, que antes hemos comentado, el bunker sobrio, con la bandera de Ucrania a su derecha y los papeles y sus manos sobre la mesa. Casi siempre una de sus manos se acerca se acerca al corazón en señal de agradecimiento a la audiencia a la que se dirige. Es una de sus imágenes icónicas desde que se convirtió en el líder con más visibilidad del mundo.

Este es un mensaje que hay que compartir desde el lugar de los hechos por un sentido de coherencia absoluta. El mensaje de Zelenski es que todo el mundo vea lo que aquí ha pasado. Como él lo está viendo y sintiendo es ese momento.

Una vez más en esta situación de comunicación de crisis extrema, como es la de una guerra, el presidente ejerce un liderazgo inspirado y que conecta con las personas fruto, entre otras cosas, de elegir bien el por qué decirlo, cómo decirlo, qué decir y desde dónde.

El liderazgo de Zelenski
La opinión de periodistas españoles

Estamos a punto de terminar este libro que espero esté motivando en ti una manera de inspirar desde la emoción. Un liderazgo verdadero que busca la conexión profunda con las personas.

Han sido muchos los recursos, las técnicas, las tácticas de liderazgo carismático que compartimos en ese libro y que ya están a tu disposición.

Todo poder conllevar una gran responsabilidad, utilízalas siempre desde la ética. Encuentra tu poder personal, tu liderazgo interior y conéctalo con el exterior.

Zelenski es el ser humano con más presencia en los medios de comunicación en este tiempo y se ha convertido en una de las búsquedas más habituales en Google.

Ha despertado la atención de todo el mundo por su capacidad de liderar, de conectar, de comunicar.

Y por esta razón quiero compartir contigo el análisis del liderazgo y la comunicación que han querido compartir con todos los lectores de Método Zelenski, como liderar desde la emoción, periodistas españoles de prensa, radio y televisión.

"Volodímir Zelenski ha emergido como un líder inesperado en mitad del desastre de la guerra. Pero, más allá de sus palabras y gestos, discursos e intuiciones, su carisma se proyecta con gran fuerza gracias a sus silencios: resistir en mitad de una cruenta invasión es un enorme mensaje a los ucranianos y al mundo entero. Representa la institucionalidad de un país que sigue en pie, a pesar de la violencia y el dolor. Su presencia en Kiev, como antagonista de Putin, significa que la república ucraniana no ha sucumbido. Y no es poco en un momento en el que muchos se preguntan para qué sirven las instituciones. En el caso de Zelenski está claro: para mantener la esperanza de su pueblo. El mundo allí no se ha hecho líquido".

Iñigo Alfonso
Director de las Mañanas de RNE

"Yo no le voté, no me gustaba, pero ahora es mi héroe".

Esta frase me la dijo Alina, una joven actriz que fue mi fíxer en Ucrania durante varias semanas. Y he escuchado a muchos ucranianos decir cosas parecidas.

La forma de gestionar la guerra ha convertido a Zelensky en un líder casi indiscutible, un político que empodera e infunde moral y motivación a los ciudadanos y que empieza a ser imitado fuera de su país.

Y lo ha logrado con un estilo propio, con una estrategia de comunicación que incluye su atuendo, sus canales de Telegram, sus relatos emocionales, sus mensajes diarios desde las calles o sus inspiradores discursos en los parlamentos de todo el mundo.

Su forma de ejercer el liderazgo ha sido estudiada por Julián Reyes quien nos demuestra que cada uno de nosotros podemos aplicar en nuestras vidas los valores positivos del Método Zelensky".

Almudena Ariza
Periodista y Corresponsal

"A Zelenski lo que interpretó en la televisión le gustó para la realidad y los votantes le compraron su personaje de Presidente. Ahora, su valentía personal y su compromiso con el puesto son innegables. Su dominio de la retórica y del relato también. Eficaces estrategias, tácticas y técnicas de comunicación de crisis. Excelente Impacto de mensajes simples y potentes, personalizados según el destinatario y expresados en el tono correcto y con la autoridad precisa. Heraldo más que héroe.

¿Líder carismático apoyado en sus guionistas o líder visionario y entregado que emerge inesperadamente ante una situación precisa? Probablemente, ambos. Sumados sustentan el método Zelenski".

Rosa Maria Calaf
Licenciada en Derecho y Periodismo
Corresponsal Internacional

"Vladimir Putin estaba convencido de que sería sencillo invadir y conquistar Ucrania, esperaba un "paseo militar" rápido, sorprendente y triunfal. Estaba seguro de que su presidente, Volodomir Zelensky, ese cómico romántico y blandengue, saldría del país "por patas", se rendiría, huiría en cuando comenzara su "operación especial" que no es sino una guerra sucia y sin cuartel. Putin se equivocó por completo. Se equivocaron todos lo que a su alrededor percibieron a Zelenski como un hombre endeble o asustadizo y le menospreciaron. El comediante le montó un "show" inesperado, derrochando arrojo y valentía, serenidad y buen criterio frente a la arrogancia rusa. Protagonizó de forma inesperada un nuevo "reality": "Bailando con Putin". El antes "payaso", el presidente "caricato", plantó cara a sus tanques y supo seducir, conmover y convencer a su pueblo y a los pueblos europeos de forma eficaz. Tuvo lo que había que tener para hacer frente a la arrogancia mafiosa y belicista de Putin. No solo no se dejó "acojonar" sino que se puso al frente de una resistencia feroz ante el invasor que aún continúa. Zelenski protagonizó frente a las cámaras, con su indumentaria "casual" y caqui, algunos de los mejores "sketches" de su carrera artística y política. Demostró que era un verdadero "Servidor del pueblo", y que no iba a rendirse fácilmente por alto que fuera el precio, que estaba dispuesto a arriesgarlo todo. Zelensky iluminó con actitud competente la oscuridad que el Kremlim pretendía imponer en su tierra. Si Zelenski ya era un de personaje notorio en la cultura popular ucraniana (actor, guionista, productor, estrella de series y películas), Putin y sus maldades lo han transformado en un político respetado y admirado, en un líder sereno y humilde que ha sabido manejar como pocos el discurso en defensa de la democracia, la libertad, la verdad, y la justicia, frente a las tropelías de Rusia, frente a todos sus oligarcas corruptos y cómplices. Los medios de todo el planeta han descubierto a Zelenski y lo han catapultado al olimpo de los auténticos servidores y defensores de la democracia. Es imposible imaginar el final de este espectáculo sangriento que se ha montado Putin y que está masacrando al pueblo de Ucrania, lo que está claro es que mientras él encarna la figura del mal, Zelensky es el carismático héroe de esta dramática historia, la voz que brama contra esta guerra absurda y cruel, un "titán" capaz de mantener firmes y hermanados a los ucranianos frente al enemigo invasor y más unida la Unión Europea frente a una gravísima amenaza que sin duda infravaloraron. La estrella de la televisión es ahora una estrella de la política internacional que lanza al mundo frases rotundas que remueven conciencias y alientan la esperanza, y que han convertido a los ucranianos en un símbolo de lo que significa plantar cara al mal, sentirse irreductibles, preparados de resistir el atroz zarpazo de una potencia militar tan poderosa como Rusia".

David Cantero
Periodista y Presentador de Informativos

"Siempre me ha fascinado la palabra "comunicador". A lo largo de mi carrera he sido periodista, reportero, corresponsal, editor, redactor, guionista y cuarenta cosas más. Cada una de ellas define lo que he hecho durante un periodo de tiempo. Pero nunca podría decir que he sido un "comunicador" porque es una palabra tan valiosa que adjudicársela a uno mismo sería extraordinariamente arrogante; en todo caso, alguien tiene que decirlo sobre ti, porque define el efecto de tu discurso sobre la persona que lo escucha. Comunicar es llegar al otro, ser capaz de que tu mensaje sea escuchado. Zelensky es un comunicador. Intentar entender cómo ha conseguido llegar a serlo puede ayudarnos a comprender el mundo en el que vivimos".

Javier del Pino
Director "A Vivir"

ZELENSKY ES UN "INFLUENCER"

"Que no suene peyorativo: Para nada. Creo que el "fenómeno Zelensky", desde el punto de vista comunicativo, hay que entenderlo como una estrategia mundial. Ucrania sabe que para ganar (y hasta para combatir) esta guerra hace falta el apoyo internacional y, por lo tanto, la complicidad de las opiniones públicas occidentales. De ahi… la estética, la frecuencia y hasta el tono de sus numerosas apariciones en medios, redes y parlamentos. El "fenómeno Zelensky" se estudiará en las estrategias de comunicación como un ejemplo de globalización, inteligencia y opinión pública."

PD: Tan solo basta compararlo con la capacidad mediática de Vladimir Putin. ¡Vaya diferencia!

Ángel Expósito
Periodista Cadena COPE

ZELENSKI Y EL GENERAL DELLA ROVERE

"Hay algo en Zelenski que nos hace reconocer una voz y un temple no impostado, aunque algunos detractores apelen a su condición de actor para desprestigiarlo, para hacerlo menos creíble. Eso me hace recordar al General Della Rovere. Este militar era (en la ficción) el líder de la resistencia italiana ante la invasión nazi. Por ello los alemanes convencieron a un pillo con dotes de actor, interpretado por el genial Vittorio de Sica, para que se hiciese pasar por él en la cárcel a fin de descubrir y delatar a los integrantes de la organización antifascista. Pero Vittorio de Sica acabó metiéndose tanto en el papel que se creyó el propio personaje, hasta tal punto que lideró la resistencia en la prisión, alentó las protestas y finalmente acabó siendo fusilado por los nazis, pero investido del honor de todo su pueblo. Desconozco si en algún momento de su presidencia, en sus inicios como mandatario, el antiguo cómico Volodimir Zelenski interpretó un papel o si sobreactuaba. Posiblemente eso es lo que pensase Putin. Pero ha sido en medio de la mayor crisis que puede sufrir en país, una invasión militar por un adversario inmensamente más poderoso, cuando se ha investido de la auctoritas que le ha convertido en un líder total dentro y fuera de su país. Su firmeza y seriedad para animar a su pueblo a la resistencia siempre y en todo lugar, su aplomo ante los parlamentos de medio mundo reclamando ayuda, hasta ese color caqui de sus ropas en todas sus alocuciones, le hacen merecedor del apoyo y la empatía mundial. Hablar de Gernika en España, de Perl Harbor en Washington o citar a Churchil en Londres, es interpelar directamente a la ciudadanía de cada país con la mentalidad de un líder que sabe que lo es. Por eso habla como tal, y por eso suena tan creíble y próximo. Puede que le hayan sobrado un par de gestos desde que empezó la guerra, como cuando negó en primera instancia el visado de visita al presidente de Alemania, o cuando ante el parlamento griego cedió la palabra a un integrante del batallón Azov, de simpatías filonazis, pero no parece justo medir con equidistancia occidental la labor de un presidente bombardeado y rodeado de tanques, que ve como están seccionando parte de su pueblo, de su tierra, matando a su gente. Esa sinceridad de Zelenski nos impacta a todos, como a los italianos que sufrieron la ocupación nazi les unía las palabras del General Della Rovere, aunque fuese en la ficción".

Xabier Fortes
Periodista de TVE

"Ha pasado de ser un desconocido a, en poquísimo tiempo, erigirse como un líder admirado y respetado por todos.

Se ha puesto la camiseta caqui, se ha atado al timón y está plantando cara al Goliat ruso, con un dominio absoluto de la cámara y de la puesta en escena. Un actor cómico que se ha tomado muy en serio el poder que tiene la comunicación que utiliza como arma para ganarse al mundo".

Pilar Garcia Muñiz
Presentadora de Mediodía COPE

"Ingredientes para un 'método Zelenski':

Unos litros de valor. Aspecto de decir la verdad. Saber sonreír a quien hay que sonreír y poner cara hostil a quien lo merece. Moverse bien en un vídeo (salen mejor cuando son sinceros que cuando son meramente publicitarios o impostados. No hace falta ser ex actor). Estar seguro de que tienes amigos a los que pedir cosas justas porque tu causa es justa. Y desesperada. Pese a ello, asegurar siempre que alcanzarás la victoria. El otro ingrediente depende de factores externos: por ejemplo, que te amenace un hijo de perra. Esperemos que el 'método Zelenski' no falle nunca, y menos ahora".

Fernando Jáuregui
Periodista y Presidente del foro "Periodismo 2030"

"El día que comenzó la invasión, grandes expertos vaticinaban una victoria de Rusia rápida y aplastante. Poco menos que Ucrania desaparecería del mapa en cuestión de semanas. Pero con lo que no contaba ni el mundo ni Putin era con el arma más poderosa del ejército ucraniano: el liderazgo de su presidente. Un actor, un humorista, acostumbrado a las cámaras que no había destacado, especialmente, por su gestión política y que, sin embargo, ha ganado la guerra mediática, consiguiendo el apoyo unánime de la comunidad internacional. Volodímir Zelenski tiene un dominio absoluto de la puesta en escena, guioniza cada una de sus intervenciones como si interpretara el papel protagonista del mayor líder del mundo. Sus discursos tienen un cariz distinto que pocas veces se ve en política. Zelenski controla el qué y el cómo; su bagaje en el mundo de la interpretación y la comunicación le han hecho dominar la palabra e inspirar tanto a su pueblo, que ha demostrado una resistencia titánica, como al resto de líderes que ve en Zelenski al hombre que plantó cara a la todopoderosa Rusia, de momento, sin rendiciones".

Isabel Jiménez Periodista
y Presentadora de Informativos

"Volodímir Zelenski ha demostrado ser un hombre del pueblo, por el pueblo y para el pueblo de Ucrania. A mi juicio, se ha ganado el respeto de sus compatriotas, y de prácticamente toda la comunidad internacional, por su acertada capacidad de presentarse como uno más de los millones de ucranianos que están sufriendo la invasión rusa. Un presidente que no parece un político, ni en su aspecto ni en sus palabras, sino solo un hombre que lucha por sus ideas, por su identidad y por la Democracia. Creo que su capacidad de comunicación, cargada de sencillez y de autenticidad, ha conectado directamente con la conciencia humana".

Olga Lambea
Periodista y presentadora de RTVE

Zelensky, estamos todos aquí.

“La versión 2022 del refrán "la pluma es más fuerte que la espada" se escenifica con Zelensky haciéndose un video-selfie con su equipo en las calles de una asediada Kiev para decirle a los ucranianos y al mundo "estamos todos aquí". La empatía que generó esa y otras escenas, imágenes de la barbarie aparte, explican el apoyo generalizado de occidente al pueblo ucraniano. Grandes valores en gestos cotidianos. La comunicación de Zelensky pugna por ser más fuerte que la espada de Putin”.

Diego Losada
Periodista

“Diría que la fuerza del personaje está en su verdad. Y conste que me doy cuenta de que estoy escribiendo "personaje", que significa, entre otras cosas ser ficticio, persona inventada por un autor. Aquí el autor es parte del resultado. No critico su categoría de personaje, sobre todo porque va acompañada de toda la potencia que tiene la verdad. Ha conseguido algo muy importante y poco frecuente entre la clase política, acompañar la verdad con humildad. Esas dos virtudes juntas hacen al personaje y a la persona más potente de lo que ya es. Y además lo hacen -¡bingo!- creíble. Y ya se sabe que la credibilidad del humilde que está siendo maltratado y masacrado es invencible. Al menos es lo que veo en los ojos de Zelenski, mientras mira a la cámara, me mira a mí y olvidó que es lo que es: un actor. Un actor verdadero al servicio de su pueblo. Una persona que tiene la razón".

Félix Madero
Periodista

"Muchos ciudadanos no sabían nada de él antes de la invasión rusa de ucrania. En pocas horas las redes sociales se poblaron de mensajes muy llamativos de un tal Zelensky, ese presidente atípico que antes había sido un actor, un cómico de éxito y hasta ganador de un concurso de baile. Estaba naciendo una estrella... Su estilo desenfadado, su vestimenta militar casual, sus discursos inteligentes ante los parlamentos de países aliados, comparando el drama de ucrania con referentes nacionales para encontrar empatía en países lejanos, se ganaron la atención de toda suerte de expertos en comunicación política y geoestrategia. Ese tal Zelensky ha sabido conectar con las emociones, no sólo de los ucranianos que -como él- sufren la invasión rusa, sino (y esto es lo más sorprendente) ha conseguido que medio mundo, el que no habla su idioma, le entienda..."

Sergio Martín
Periodista RTVE

"Solo hay un Zelenski. O tal vez no, pero la mayoría de políticos viven encorsetados en el fondo y en la forma. Rigen sus discursos en los clásicos corsés que no articulan el método del presidente ucraniano. Su capacidad de comunicación, con mucho carisma, un lenguaje cercano e indumentaria simple, ha removido la opinión pública mundial en un contexto, una guerra sin sentido, donde lo más importante siempre es la empatía. Empatía que, por otro lado, parece haber desaparecido del vocabulario político mundial. Porque, aunque no es cierto, se relaciona la capacidad de ser un buen gestor con la sobriedad, los discursos confusos y una buena corbata. Volodímir Zelenski ha conseguido empatizar con su pueblo y con el resto del mundo. Su forma de comunicar ha logrado que lo conozcamos a él, pero también a los ucranianos y su idiosincrasia. Así como es cierto que Rusia no es Putin, Ucrania parece que sí es Zelenski. Un héroe (espero que el paso del tiempo no nos haga ver que es un error) que, aún con la capacidad de poder huir del país, prefirió quedarse junto a los suyos y ser uno más. Y eso es lo que nos atrae de su particular figura política: es un ucraniano más. Sí, por supuesto, es el presidente del país, pero también un ciudadano como cualquier otro. Tal vez muchos otros políticos deberían aprender algunas lecciones que, casi sin darse cuenta, nos ha dado el líder ucraniano, para que no haya solo un Zelenski".

Carles Mesa
Periodista de RNE

"Zelenski ha conseguido sintetizar el anhelo humano más elemental: encarar el peligro, sobrevivir a la amenaza y vencer a los monstruos que, tan a menudo, saltan de los sueños a la dura realidad.

El éxito del presidente de Ucrania responde a su eficacia en el papel de su vida, el único en el que ha tenido que enterrar su condición de actor para ejercer, sin más, de ser humano.

Ralph Nader, el célebre activista norteamericano, decía que la verdadera función de un líder es crear más líderes, y no limitarse a acumular seguidores. Y eso es lo que Zelenski, el héroe inesperado, ha logrado en Ucrania y más allá. Todo el mundo quiere ser un poco como él, para no perder la esperanza en estos tiempos de cólera."

Antonio Naranjo
Periodista

"En mi vida profesional he conocido líderes gran impronta: Willy Brandt, Juan Pablo II, Margaret Tatcher, Felipe González, Blair. Ninguno como el presidente Zelenski.

Básicamente, aúna EJEMPLARIDAD, VALENTÍA, CAPACIDAD DE MIMETIZARSE CON EL PUEBLO LLANO. Todo ello, adobado con la sobriedad auténtica de un líder que aparece en los momentos más difíciles, trágicos, soportando en sus manos la antorcha de la libertad y el destino de un pueblo corajudo que no está dispuesto a rendir su justa causa jamás".

Graciano Palomo
Periodista

"Cuando pienso en liderazgo de Volodímir Zelenski pienso en Marco Aurelio Antonino, el último de los Cinco Buenos Emperadores de Roma, el que nos dejó sus meditaciones sobre el mundo y la persona, lo natural y lo falso. Zelenski, como Antonino, acepta su destino con la aparente naturalidad de un verdadero estoico, sin cuestionar que cada uno ha de hacer frente a su momento en la historia dejando en ella la mejor de las actuaciones. Comprendiendo en esta actuación, tanto la acción como la interpretación. Así se consigue la calma propia de quien sabe que está cumpliendo con su papel en la vida. Sea cual sea el final, tendrá su sitio en la historia. Cómo no ser un héroe sabiendo que el mundo te mira."

Lara Siscar
Periodista de RTVE y escritora

"El 24 de febrero de 2022, no habían pasado ni dos años desde la elección de Volodímir Zelenski como presidente de Ucrania. Quizás alguien en el Kremlin pensó que un cómico que gana las elecciones debido al rechazo popular a los demás candidatos sería presa fácil: la oportunidad de engullir Ucrania, como pretendía Putin desde hacía años. Fue un error.

El verdadero liderazgo se presenta, a menudo, de la forma más insospechada, y en la persona de la que menos se pudiera esperar. Desconocemos la capacidad de Zelenski para gestionar la economía de su país, o su habilidad para organizar los servicios públicos. Pero la invasión de Ucrania le ha obligado a dirigir a su pueblo en una situación extrema, y lo ha hecho con carisma y valentía: ha conseguido unir a sus compatriotas a su alrededor, en una heroica lucha de resistencia y, como consecuencia, se ha ganado también el respeto, la admiración y el deseo de ayudar de las opiniones públicas de Occidente. Los líderes se hacen en las situaciones complejas.

¿Sus grandes virtudes? Mantenerse firme en Kiev, mostrando su disposición a ser el primero en morir, si es necesario. Su imagen en los vídeos, recorriendo las calles de la capital, hablan por sí solas a su gente. Y algo determinante: su capacidad de comunicación, al elegir las palabras adecuadas y en el tono más oportuno para el grave momento ante el que se ha encontrado. Zelenski ha explicado a los suyos que "el presidente no puede cambiar al país por sí solo, pero puede dar ejemplo". Y lo ha hecho, con su actitud y con sus palabras. Así lo hizo también Churchill en la Segunda Guerra Mundial. Zelenski ha sabido seguir sus pasos".

Vicente Vallés
Director-Presentador de
Las Noticias 2 de Antena 3

"Dicen que una imagen vale más que mil palabras. Más allá del contenido de sus discursos, las apariciones públicas del presidente de Ucrania en mitad de la guerra nos impactaron, aún sin saber qué querían decir las palabras que pronunciaba su característica voz rasgada en un idioma que no conocemos.

Nos llegó como un cañón su expresión firme, su vestuario verde militar, verle en el interior de un búnker, la estética de resistencia al invasor y el tono que consiguió construir con todos esos elementos.

El método Zelensky trascenderá porque ha servido para repensar las relaciones internacionales. Que occidente se replantee quiénes son sus socios comerciales y su política energética y económica. Y todo, a partir de un elemento clave: una imagen impactante que removió conciencias".

José Yélamo
Periodista, Presentador Sexta Noche

Agradecimientos

En esta ocasión, si me lo permite mi familia, que me ha acompañado en este viaje de locura para sacar a la luz este libro en tiempo récord, el primer agradecimiento va dirigido a la persona, al líder que protagoniza este libro: Volodímir Zelenski.

A un ser humano que ha sido capaz de inspirar desde la emoción, capaz de conectar desde la empatía y capaz de comunicar desde la firmeza.

A un ser humano que se ha presentado ante el mundo como un líder inspirado en el peor momento posible para su país. Un ejemplo de liderazgo verdadero del que todos podemos aprender.

A Kerry Kennedy, Presidenta de la Fundación Robert F.Kennedy Human Rights por iluminar el inicio de este libro.

Contar con una activista tan relevante en Estados Unidos y en el mundo en la lucha por los derechos humanos en un libro de liderazgo y comunicación, y con Zelenski como protagonista, ha sido un privilegio.

Gracias a todas las periodistas, voces de la radio y presentadoras de televisión. Gracias a todos las periodistas, voces de la radio y presentadores de televisión. Gracias por compartir vuestra visión sobre el liderazgo y la comunicación de Volodímir Zelenski. Con vuestra mirada habéis aportado una visión muy personal del líder emergente Zelenski. Quiero que sepas, amiga, amigo lector, que todos los periodistas que aparecen en Método Zelenski no tardaron nada en en aceptar la invitación para participar en este libro tan especial.

Agradezco también le enorme labor de una persona muy especial buena amiga y una de las mejores intérpretes de conferencia y traductoras de España, Priscilla Chase.

Sin ella, sin su generosidad, entrega y buenas dosis de energía este libro no habría salido en tan poco tiempo.

Es una oportunidad contar con una traductora de este nivel.

Podéis contactar con ella si la necesitáis en la siguiente dirección:pcd.traducciones@gmail.com,
pcd.traducciones@gmail.com.

Y el agradecimiento más especial es para mí coach personal, la persona que me acompaña en mi viaje vital y que suma en todos los proyectos que sacamos adelante.

Gracias a mi mujer.

Gracias a Sonia.

Este libro nació de una forma inesperada, como las grandes aventuras se presentan. Desde el minuto uno has creído en la misión de este libro, en el valor que aporta a las personas que lo habéis leído, a los que lo estáis leyendo y a los que lo leeréis en un futuro.

Has creído también, y de qué forma, en el granito de arena que suma en la ayuda humanitaria a Ucrania. Esperemos que sea la máxima posible. ¿Verdad?

Tu luz, la visión y las ideas que has aportado, Sonia, han permitido que hoy sea una realidad Método Zelenski. Cómo liderar desde le emoción.

Y también quiero agradecer a mis hijos, Alex, Carla y Guille que han vivido de forma frenética este tiempo. Para ellos el nacimiento de este libro y lo que significa ha sido y está siendo muy especial. Hemos contado con su ayuda en casa mientras yo permanecía en el estudio escribiendo.

Os contaré una breve anécdota. Mis hijos varones, que son gemelos, se acercaban cada cierto tiempo al estudio un par de veces al día a preguntar: ¿Cuántas páginas llevas? Mostraron tanta o más ilusión que yo porque este libro tan especial viese la luz.

Estimada lectora, estimado lector, así terminamos este libro, este viaje de aprendizaje que espero hayas disfrutado.

Quiero recordarte, una vez más que tú también has ayudado a Ucrania, has aportado tu granito de arena comprando este libro.

Me despido esperando que el Método Zelenski PARTE II, se escriba en un contexto internacional de paz.

¡GRACIAS!

Si te interesa crecer en liderazgo, en comunicación efectiva y en poder personal te invito a que conozcas nuestras sesiones individuales de Executive Speaker Coaching por las que han pasado entre otros, candidatos presidenciales, CEO´S, personalidades de la lista FORBES y directiv@s de todo el mundo.

Te invito a conocer nuestra www.julianreyes.es/academy/ donde tienes a tu disposición cursos online que te permitirán un desarrollo integral en lo que he denominado Comunicador Total S.XXI.

En la web encontrarás además todas las formaciones que en formación presencial llevamos a cabo en Liderazgo y Comunicación con grupos de profesionales de todas las empresas que lo solicitan.

Encontrarás nuestro programa estrella, Habla Como Un Líder, entre otros que potencian la comunicación online, las presentaciones de empresa y el arte del Storytelling. Mi especialización es esa y solamente esa. Trabajo día a día en ofreceros lo mejor en este campo, el liderazgo y la comunicación.

Si quieres seguir todo lo referente a este libro, en breve tendrás a tu disposición en la versión en español esta web: www.metodozelenski.com y www.thezelenskymethod.com en su versión en inglés.

Un abrazo a todos

www.julianreyes.es
www.julianreyes.es/academy/
info@julianreyes.es
Twitter: @julianreyes_tv
Instagram: @julianreyes_tv
www.linkedin.com/in/julianreyestv